세계 기독교의 이해: 다양성과 독특성

세계 기독교의 이해: 다양성과 독특성

초 판 발행일 2011년 3월 15일
개정판 발행일 2011년 9월 15일
제2개정판 발행일 2013년 8월 23일

저 자 / 안 신
발행인 / 김 영 호
발행처 / 배재대학교 학술정보처
주 소 ㊐ 302-735 대전광역시 서구 배재로 155-40(도마동)
전 화 (042) 520-5657
팩 스 (042) 520-5548
http://library.pcu.ac.kr/press

ISBN 978-89-6332-074-8
정가 ₩ 10,000원

* 파본은 교환해 드립니다.

인문 · 외국학도서 55

[제2개정판]

세계 기독교의 이해: 다양성과 독특성

Understanding World Christianity: Its Diversity and Uniqueness

안 신 저

Shin Ahn.

배재대학교 학술정보처

"유대교, 기독교, 이슬람 사이의
평화적 공존과 대화의 가능성을 보여주신 은사님,
스웨덴 룬트대학교의 데이비드 커(David Kerr) 교수님께
이 저서를 바칩니다."

<데이비드 커(1945-2008)>

"이 저서는 한국연구재단의 연구비 지원을 받았음"(2007-2013)

서 문

길에서 만난 세계 기독교
'기독교는 누구의 종교인가?'

〈영국 에딘버러대학교 뉴칼리지〉

탈기독교화가 급격히 진행되고 있는 영국 에딘버러대학교에서 종교학 박사학위를 마친 후 이듬해 2007년에 한국에 귀국하여 서울대, 연세대, 서강대, 이화여대 등에서 강의를 하였다. 기독교를 교파적인 접근으로서가 아니라 객관적이며 학문적으로 접근하려고 노력했지만, 학생들 가운데에는 종교로서 기독교에 대하여 깊은 회의와 반감을 갖고 있는 친구들도 있었다. 반면에 보수적인 신앙의 전통 안에서 자라서 그 어떤 기독교에 대한 비판도 수용하지 않는 완고한 성격의 친구들도 있었다. 그들 모두에게 나는 많은 것을 배웠다. 그러나 기독교가 다양한 문화, 언어, 종교를 거치면서 신비롭게도 나름대로 독특한 모습으로 변하여 상황에 적응해 왔다는 사실을 학생들이 알았으면 하는 바람은 내 마음 한 편에 언제나 남아 있었다. 이왕이면 독자들이 세계여행을 하듯이 기독교를 공부하였으면 한다. 이 저서를 마무리할 무렵 배재대학교 학생들을 인솔하고 호주 시드니로 출장을 가게 되었다. 그곳에 정착한 기독교도 예상한 것 이상으로 다른 종교들과 함께 어우러져 다양한 모습으로 표출되고 있었다.

〈웨슬리선교가 활동하는 호주 시드니〉

이 저서는 독자가 기독교의 다양성과 복잡성에 대하여 한 번 생각해 볼 수 있는 계기를 마련하기 위하여 기획된 것이다. 그러므로 연대기적 서술을 하는 대신에, 대륙별, 지역별, 국가별, 전통별, 주제별로 몇 가지 주제를 선택하여 시각 자료와 함께 소개하였다. 그리고 "기독교는 누구의 종교인가?"라는 물음은 이 저서를 관통하고 있는 자석과 같은 중심 물음이기도 하다.

지금까지 많은 은사님들이 '세계 기독교'라는 종교학의 생소한 영역으로 나를 이끌어 주셨다. 특히 지금은 고인이 되신 은사님 데이비드 커(David Kerr, 1945-2008)교수님께 이 저서를 바친다. 스웨덴 룬트대학교에서 세계종교를 가르치시던 커교수님은 영국 에딘버러대학교에서 나를 1년간 지도하셨고 스웨덴으로 자리를 옮기신 후에도 몇 차례 스웨덴에 와 공부하기를 권면하셨던 분이다. 그리고 노르딕 교회사학회에서 나의 부족한 논문을 발표할 기회도 주신 바 있다. 그 논문도 조만간 책으로 엮어 출판될 예정이다.

이 저서의 바로 앞에 나온 필자의 <세계종교의 이해>(2010)의 서문에서도 밝혔듯이, 본 저서도 계속해서 보완의 과정을 거쳐 변화될 것이다. 따라서 처음부터 '사막의 구도자'가 되었다는 마음으로 집필을 시작했고 미완이라는 구차한 변명으로 글을 마무리했다. 본 저서가 출판될 수 있도록 인내를 갖고 도와주신 배재대학교 출판부와 귀국 후 지난 4년 동안 연구비를 지원해 주신 한국 연구재단(2007-2010)에 감사한 마음을 전한다. 아내 은옥과 딸 유진, 예진, 수진, 그리고 아들 진의 사랑과 격려 없이는 아마도 이 모든 것이 불가능했을 것이다. 그리고 새벽마다 큰 아들을 위해 기도해 주시는 부모님께도 감사드린다.

2011년 2월 28일
아펜젤러기념관 연구실에서
저자 안 신

[제 1개정판 서문]

초판의 그림에 자세한 설명을 붙이고 9-12장을 대폭 보완하여 개정판을 출간하게 되었다. 세계 기독교의 다양성과 복잡성을 보여주기 위하여 무더운 여름 사이버 강의를 녹음하면서 준비하였다. 독자들이 기독교에 대한 보다 객관적이며 공감적인 이해에 도달하길 바라며 교정을 도와주신 배재대학교 출판부에 감사드린다.

2011년 8월 31일
대전 전민동 서재에서
저자 안 신

[제 2개정판 서문]

2년 전 처음 <세계 기독교의 이해> 초판이 나왔는데 벌써 제2개정판을 준비하게 되었다. 종교는 지금 이 순간에도 끊임없이 진화하고 발전하고 있다. 전 세계는 2013년 3월에 로마가톨릭교회(5장)의 급격한 리더십의 변화를 목격하였다. 그리고 미국 기독교(9장)와 아시아 기독교(10장) 및 호주 기독교(12장)도 쇠퇴와 발전의 흥미로운 양상을 보여주었다. 필자는 이러한 새로운 변화를 독자들에게 그리고 학생들에게 전해야 한다는 의무감을 가지고 있다. 그래서 2011년에 낸 개정판이 절판될 즈음에 다시 내용을 수정하고 보완하여 제2개정판을 출간하려 하였는데 지금이 바로 그 시점인 듯하다. 세계 기독교의 변화도 있었지만 필자에게도 새로운 경험을 할 기회가 있었다.

〈스웨덴 팔룬의 크리스틴교회(1655)〉

필자는 올해 6월 스웨덴의 팔룬(Falun)에서 열린 국제학회에서 이 저서를 헌정하였던 고(故) 데이비드 커 교수님의 제자를 우연히 만났다. 그는 10월 부산에서 열리는 세계교회협의회(World Council of Churches)의 스웨덴교회를 대표하여 참석할 계획이라고 하였다. 그는 나이지리아에서 건너 온 아프리카독립교회가 스웨덴에서 어떻게 활동하고 있는지에 대하여 큰 관심을 가지고 있었다.

〈스웨덴 스톡홀름에서 도심노숙자사역으로 유명한 성 클라라교회〉

필자는 2005년 9월 스웨덴 남부의 룬트(Lund)를 방문한 데 이어서 이번에 핀란드의 헬싱키(Helsinki)와 스웨덴의 스톡홀름(Stockholm)과 팔룬(Falun)을 방문하면서 북구유럽의 기독교를 재차 직접 확인할 수 있었다. 그래서 이번 제2개정판에는 스웨덴과 핀란드를 포함한 북구 기독교의 내용을 13장에 새롭게 수록하였다. 앞으로도 2010년에 가졌던 초심을 잃지 않고 계속해서 기독교의 역동성과 문화적 다양성을 독자들에게 보여주기 위하여 종교적 순례(religious pilgrim)와 같은 학문적 여행(academic journey)을 계속하며 자료를 수집할 것이다.

국지성 폭우와 무더운 여름을 맞이하였음에도 불구하고 개정작업을 마무리할 수 있었던 이유는 계절수업을 열심히 수강하는 배재대학교 학생들의 땀과 노고 때문이었다. 독자들이 풍성한 자료를 제공받음으로써 '세계종교로서 기독교'(Christianity as world religion)에 대하여 보다 객관적이며 공감적인 이해에 도달하길 바란다.

끝으로 필자의 게으름을 참아주시고 물심양면으로 도와주신 배재대학교 학술정보처의 김정택 계장님과 조은경 선생님 그리고 소외된 학문이라 볼 수 있는 종교학 분야에 연구비를 지원해 주신 한국연구재단과 문화체육관광부에 깊이 감사드린다.

2013년 7월 28일
아펜젤러기념관 종교문화연구소에서
저자 안 신

〈핀란드 루터교회 총본산, 헬싱키의 대성당(1830–1852)〉

목 차

Contents

〈아펜젤러 기념관 앞에 세워진 아펜젤러 선교사 동상〉

〈헬싱키의 중앙역〉

〈핀란드 헬싱키의 러시아정교회, 우스펜스키 대성당〉

서론:
세계 기독교를 연구하는 방법들(methods)

세계 기독교는 종교학의 한 연구 분야로서 단순한 교리 연구에 만족하지 않으며 특정한 기독교전통의 관점에서 고백론적인 접근(confessing approach)도 시도하지 않는다. 그렇다면 세계기독교에 대한 연구는 무엇을 어떻게 하는 것인가. 다양한 인문과학과 사회과학의 방법들을 동원하여 기독교를 연구하는데 적용한다는 점에서 세계 기독교는 학제 간 연구의 장이다. 인문과학 가운데에는 종교학과 역사학이 주된 방법이 될 것이며 사회과학 가운데에는 사회학과 인류학이 유용하게 사용된다. 그러나 필자는 이 저서에서 주로 역사학과 현상학(phenomenology)의 방법을 결합해서 사용할 것이다. 기독교에 대한 현상학적 연구는 특히 유럽의 종교학에서 강하게 나타난다.

〈앤드류 월스〉

영국의 종교학자 앤드류 월스(Andrew Finlay Walls, 1921-)교수[1]는 에딘버러대학 세계기독교연구소를 설립함으로써 서구 중심의 기독

1) 앤드류 월스는 캠브리지대학교 틴데일하우스 도서관 사서(1952-1957)를 거쳐, 시에라 리온의 포라베이대학(1957-1962), 나이지리아대학교(1962-1965), 아버딘대학교(1966-1985), 에딘버러대학교에서 종교학을 교수하였고 지금은 리버플호프대학교의 선교역사 교수로 재임 중이다.

교가 아닌 비서구지역의 기독교연구에 헌신해 왔다. 영국감리교회의 평신도 설교자이기도 한 월스는 가치판단의 정지(epoche)와 공감적 이해(empathetic understanding)에 기초한 현상학적 기독교연구를 선도해 온 선도적 학자다. 그는 옥스퍼드대학교에서 교회사를 전공하고 서아프리카에서 교회사 교수로 활동하면서 아프리카 기독교의 독특한 모습에 매료되었다. 그가 제시한 세계 기독교의 다섯 가지 공통점을 중심으로 주류 기독교의 일반적인 특징을 먼저 살펴보자.

(1) 한 분 하나님을 예배한다(One God).

유대-기독교의 하나님은 거룩한 존재이며 인류를 사랑하는 선한 존재이고 인간과 관계를 맺는 인격적인 존재다. 나아가 세계를 창조한 존재이고 스스로 존재하는 무한의 존재 그 자체이다. 그리스어로는 '데오스'(theos)라고 하며 라틴어로는 '데우스'(deus)라고 한다. 인간과 완전히 구별된 '절대타자'이며 철학적인 사변적인 존재로만 환원할 수 없는 위대하며 경이로운 존재다. 의로움과 지혜의 측면에서 비교할 대상이 없으며 인간이 경외감을 가지고 몸을 낮추어 경배해야 할 존재다. 하나님 앞에서는 경배와 찬양, 감사와 회개 외에는 할 것이 없다는 말도 있다.

하나님의 사랑은 욕망적인 사랑(eros)과 조건적인 사랑(philia)과 구별되는 무조건적이며 우주적인 사랑(agape)이다. 이 신적인 사랑은 인간을 위한 무한한 복지와 행복을 추구한다. 따라서 하나님은 아버지, 어머니, 주님, 왕과 같은 존재다. 하나님의 무한한 사랑을 받기 위해 태어난 존재가 바로 인간이다. 따라서 회복되어야 할 하나님의 형상(Imago Dei)이 인간 안에 있다. 하나님은 선하고 정의롭기 때문에 그 분의 의도와 계획은 무엇이나 선하다. 이 점은 악신과 선신의 대결로 역사를 설명하는 조로아스터교의 이분법적 신관과는 거리가 멀다. 유니테리안(Unitarian)은 삼위일체[2])의 교리를 부정하며 유일신으로서의 하나님의 속성만을 강조한다는 점에서 유니테리안 신학은 이슬람의 신관과 가깝다.

> "모세가 하나님께 아뢰되 내가 이스라엘 자손에게 가서 이르기를 너희의 조상의 하나님이 나를 너희에게 보내셨다 하면 그들이 내게 묻기를 그의 이름이 무엇이냐 하리니 내가 무엇이라고 그들에게 말하리이까. 하나님이 모세에게 이르시되 나는 스스로 있는 자이니라 또 이르시되 너는 이스라엘 자손에게 이같이 이르기를 스스로 있는 자가 나를 너희에게 보내셨다 하라."(출애굽기 3장 13-14절)

〈샤갈의 '떨기나무 앞의 모세'〉(1966)

〈하버드대 기념교회〉(1932)

2) 삼위일체(Trinity)의 교리는 성부, 성자, 성령 세 위격들(three persons)이 동일한 신적 본질을 공유한다는 이론이다. 325년 니케아신조는 예수의 신성을 부정하는 아리우스주의를 비판하며 예수의 신성을 재확인하였다.

(2) 예수 그리스도(Jesus Christ)에 대한 절대적 믿음을 갖는다.

예수는 단순히 인간이 아니라 신적인 존재, 즉 성육신(Incarnation)이라는 고백이 동반된다. 유대교와 이슬람에서 예수는 선지자이며 예언자이지만 하나님의 아들임은 부정된다. 그러나 기독교는 예수를 절대적 위치에 올려놓는다. 초월적 신은 인간의 역사에 구체적으로 개입하며, 예수의 언행심사는 바로 신이 인간을 향한 구체적인 구원의 사역이며 사랑의 표현이다. 기독교인은 예수가 성령의 잉태로 동정녀 마리아에게 태어났고, 인류의 죄를 위하여 십자가에 못 박혀 죽었으며, 삼 일만에 부활하였고 하늘로 승천하여 하나님의 우편에 앉아 있다가, 마지막 종말의 날에 심판주로 온다는 사실을 믿는다. '크리스천'(Christian)은 예수의 제자들이며 그의 가르침을 일상 가운데 실천하려고 노력한다. 예수의 가르침은 모든 가치와 도덕을 판단하는 절대적인 기준으로 작용한다.

〈페르지노의 '베드로에게 천국의 열쇠를 건네는 예수'(1481–1482)〉

"예수께서 따로 기도하실 때에 제자들이 주와 함께 있더니 물어 이르시되, 무리가 나를 누구라고 하느냐. 대답하여 이르되 세례 요한이라 하고, 더러는 엘리야라, 더러는 옛 선지자 중의 한 사람이 살아났다 하나이다. 예수께서 이르시되 너희는 나를 누구라 하느냐. 베드로가 대답하여 이르되 하나님의 그리스도시니이다. 경고하사 이 말을 아무에게도 이르지 말라 명하시고 이르시되 인자가 많은 고난을 받고 장로들과 대제사장들과 서기관들에게 버린 바 되어 죽임을 당하고 제삼 일에 살아나야 하리라 하시고."(누가복음 9: 18-22)

(3) 성도가 있는 곳에 성령 하나님이 동행한다(God with Us).

〈그레코의 '성령강림'(1596-1600)〉

임마누엘(Immanuel)의 신앙이 기독교 공동체 안에는 작용한다. 성도들은 하나님의 속성을 닮아가고자 노력하며 공동체를 구성한다. 그 안에는 교회법이 있으며 독특한 사회구조를 이룬다. 예수는 교회의 머리이며 교회는 예수의 몸이다. 가시적인 교회는 제도교회나 예배당을 의미하지만 비가시적인 교회는 사람들의 모임이나 교파를 넘어선 세계의 보편적 교회를 지칭한다. 따라서 교회는 세상과 구별되어있으면서도 세상 가운데 있고 세상을 변화시키는 하나님의 공동체이다. 예수의 가르침을 보전하며 성령(The Holy Spirit)의 인도와 보호를 받아 신앙을 유지하는 운명공동체인 것이다.

성령은 예수의 승천 후 보혜사(保惠師, helper)로 이 땅에 와서 성도를 지도하는 하나님의 영이다. 성령을 하나님이 보내신 영, 곧 천사로 보는 이슬람의 이해와는 상당한 거리가 있다.

> "너희가 나를 사랑하면 나의 계명을 지키리라. 내가 아버지께 구하겠으니 그가 또 다른 보혜사(Counselor)를 너희에게 주사 영원토록 너희와 함께 있게 하리니, 그는 진리의 영이라. 세상은 능히 그를 받지 못하나니 이는 그를 보지도 못하고 알지도 못함이라. 그러나 너희는 그를 아나니 그는 너희와 함께 거하심이요. 또 너희 속에 계시겠음이라."(요한복음 14: 15-17)

(4) 성도는 시간과 공간을 초월하여 하나님의 백성을 이룬다(Church as God's People).

〈프란치스코와 술탄〉(바르디채플, c.1245)

성부, 성자, 성령 하나님이 활동하는 영역은 특정한 시간과 공간에 한정되지 않는다. 신적인 보편성은 기독교의 보편성으로 연결되며 문화와 언어를 통한 의사소통의 과정을 거치면서도 동시에 문화와 언어를 초월하여 진리를 전한다. 이 점에서 전도와 선교는 기독교의 핵심적인 특징이며 생명이라고 할 수 있다. 예수는 유대인으로 태어나 유대인으로 살았지만, 사도 바울은 유대인을 넘어 비유대인을 향한 선교에 매진하였다. 예수도 승천 바로 직전에 세계를 향한 선교의 명령을 다음과 같이 내렸다.

> "열한 제자가 갈릴리에 가서 예수께서 지시하신 산에 이르러, 예수를 뵈옵고 경배하나 아직도 의심하는 사람들이 있더라. 예수께서 나아와 말씀하여 이르시되, 하늘과 땅의 모든 권세를 내게 주셨으니 그러므로 너희는 가서 모든 민족을 제자로 삼아 아버지와 아들과 성령의 이름으로 세례를 베풀고 내가 너희에게 분부한 모든 것을 가르쳐 지키게 하라. 볼지어다. 내가 세상 끝 날까지 너희와 항상 함께 있으리라하시니라."(마태복음 28: 16-20)

(5) 경전인 성경을 읽으며 떡, 포도주, 물의 상징과 관련된 성례를 반복해서 거행한다(The Bible and Sacraments).

〈트레비사니의 '예수세례'〉(1723)

예수가 십자가에 못 박혀 사망한 후 3일 만에 부활하였다는 사건의 고백은 경전과 의례에서 반복적으로 교육되어 진다. 초기 기독교공동체는 유대인의 박해 아래에서 예수의 가르침을 온전히 지키고 효과적으로 전달하기 위하여 경전을 제작할 필요가 있었다. 개신교성경은 39권의 구약성경과 27권의 신약성경으로 총 66권으로 구성되어 있는데, 구약은 세계의 창조 이후 유대인의 역사를 메시아의 기대 가운데 다루고 있으며, 신약은 예수 그리스도의 탄생 후에 세계의 종말까지를 예언하고 있다. 성경은 단순히 읽는 것만이 아니라 보고 듣고 행하기 위한 삶의 방향을 제시한다는 점에서 인생의 청사진이라고 할 수 있다.

성례는 물을 사용하는 세례식과 떡과 포도주를 사용하는 성찬식이 주기적으로 행해진다. 이 성례들은 목사와 신부와 같은 기독교공동체의 사제가 집례할 수 있으며, 세례식을 받은 성도만이 성찬식에 참여할 수 있다. 세례식과 성찬식만을 성례로 기념하는 개신교와는 달리, 천주교에는 일곱 성사로서 성세성사, 견진성사, 고해성사, 종부성사, 혼인성사, 신품성사, 성체성사가 있다.

〈레오나르도 다 빈치의 '최후의 만찬'(1495-1498)〉

개신교와 천주교 사이에 여러 가지 차이점이 존재한다. 16세기 종교개혁을 통하여 당시 천주교의 왜곡된 모습을 개선하려고 새로운 교파를 새웠다는 점에서 큰 차이를 가늠할 수 있다. 천주교에서는 성경의 권위만큼 전통과 이성의 권위도 동등하게 중요하다. 성직주의와 성례주의를 중심으로 가시적인 교회를 강조하므로 '교파적 배타주의'로 오해되는 경우도 있다. 나아가 성자와 마리아에 대한 특별한 존경이 마리아 무흠잉태설과 성모승천설에 잘 나타난다. 미사를 하나님께 드리는 제사로 인식하며 연옥설과 구원론에 있어서도 상당한 차이를 보인다. 개신교의 목사는 결혼할 수 있지만 1079년에 독신제도가 마련되면서 천주교의 신부는 결혼하지 못한다.

성경의 내용구성 면에도 개신교의 정경(正逕, Canon) 외에도 외경(外經, Apocrypha)으로 간주하고 있는 ① 마카베오기 상권과 ② 마카베오기 하권, ③ 지혜서, ④ 집회서, ⑤ 유딧기, ⑥ 바룩서, ⑦ 토빗기, ⑧ 에스테르기(에스더) 일부, ⑨ 다니엘 일부 등 7권이 천주교의 공동번역에 실려 있으며 '제2 경전'이라 불린다.[3] <바룩서>에서 예레미야 선지자는 다음과 같이 바벨론의 사제들을 비판하였다.

> "사제들은 그 앞에 바쳐진 제물을 팔아 제 이익을 챙긴다. 이처럼 사제들의 아내들도 제물의 일부를 소금에 절여 저장해 놓고서, 가난한 이와 힘없는 이에게 나누어 주지 않는다."(바룩서 6: 27)

---

3) 정경과 외경 외에도 위경(僞經, Pseudepigrapha)으로 분류되는 책들이 있다. 이 책들의 저자들은 성경인물의 이름들을 사용하고 있지만 확실히 알려져 있지는 않다. 구약시대와 신약시대 사이를 신구약중간시대(Intertestamental Period)라고 하는데, 유다지역과 여러 지역에 흩어진 유대인들이 엄청난 분량의 종교문헌들을 생산했다. 특히 기원전 2세기 이후 헬라시대와 로마시대에 위경들이 양산되었다.

제 1 장 아프리카 기독교

세계 기독교의 연구에서 이슬람과의 관계를 고려할 때 가장 중요한 지역이 바로 아프리카 대륙이다. 아프리카의 대부분 기독교인들은 사하라 사막의 남부지역에 거주하고 있지만, 역사적으로 북아프리카는 초기 기독교의 역사에서 신학적 교리의 형성에 큰 영향을 미쳤다. 1세기 중엽에 이집트 지역에 기독교인이 등장하기 시작했고 2세기 말까지 카르타고 지역 인근으로까지 세력을 확대했다. 터툴리안, 클레멘트, 오리겐, 아타나시우스, 어거스틴 등은 초기 기독교 공동체 형성의 주역들이었다.

〈터툴리안〉

터툴리안(Tertullian, 약 160-220)은 카르타고 출신으로 "라틴 기독교의 아버지"라 불리며 "서구신학의 창시자"로 간주된다. 삼위일체(Trinitas)의 개념을 최초로 사용하여 "세 위격(three persons), 한 본체(one substance)"라는 도식을 라틴어로 "트레스 페르조나에(tres Personae), 우나 숩스탄티아(una Substantia)"를 언급했고, 당시 코이네 그리스어로는 "트레이스 히포스타시스(treis Hypostases), 호모우시아(Homoousios)"라고 하였다.[4)]

터툴리안의 부모는 부패한 극장과 잔인한 검투사경기가 유행하던 도시의 이교도들이었다. 그는 처음에 법률가로 훈련을 받았지만 기독교로 개종한 후에는 이교도를 비판하는데 앞장을 섰다. 당시 알렉산드리아의 교회와 카르타고의 교회는 상반된 경향을 가지고 있었다. 전자는 철학을 사랑했고 철학적 용어로 신학적 사고들을 정교하게 만들었다. 반대로 카르타고의 교회는 철학보다는 교리를 더 강조하였다. 터툴리안은 전쟁참여를 기독교 신앙에 반한다고 보았고 극장을 비롯한 대중오락시설을 방문하는 것에 부정적이었다. 그는 후에 기독교 이단으로 몰린 몬타누스주의(Montanism)[5]에 귀의하였다. 7세기에 이슬람이 아라비아 반도에 등장하여 북아프리카로 확대되면서 이집트의 콥트교회와 에디오피아의 정통 테하헤도교회만이 초기 아프리카 기독교의 명맥을 이어가고 있다.

아프리카에서 본격적인 기독교의 선교는 18세기와 19세기의 유럽 식민지 확장과 함께 진행되었다. 따라서 지금까지도 기독교의 우월적 자세는 호되게 비판을 받고 있다. 식민지정책은 토착민들이 기독

---

4) 호모우시아(homo-ousios)는 '동일본질'을 의미하고, 호모이우시아(homo-i-ousios)는 '유사본질'을 의미한다.

5) 몬타누스주의는 2세기 소아시아의 프리지아에서 활동하던 예언자 몬타누스가 일으킨 "새로운 예언"에 기초한 대중 부흥운동이었다. 성령의 감동을 받아 예언을 시작했고 강렬한 황홀경 가운데 마지막 예언임을 강조하였다. 터툴리안은 206년경에 이 운동을 알게 되었고 이후 212-213년에 개종을 하였다. 당시 가톨릭교회의 도덕적 부패를 비판하며 엄격한 도덕성을 강조했던 몬타누스주의는 5세기까지 서방에 남아 있었다. 몬타누스주의자는 강한 종말론을 믿으며 프리지아에 하늘의 예루살렘이 이루어진다고 주장하여 다른 지역의 교회를 모두 황폐화시켰다. 그들은 예언과 금식을 강조하였다. 나아가 순교를 두려워하지 않았으며 혼인을 장려하지도 않았고 오히려 재혼을 금지하였다. 소아시아의 주교들은 177년경에 이 운동을 이단으로 정죄하고 파문하였다. 동방교회의 금령으로 6세기에 역사의 뒤편으로 사라지게 되었다. 오늘날의 오순절운동과 유사한 점이 있다.

교 메시지를 수용하는데 심리적 걸림돌로서 작용되었던 것은 사실이지만 선교의 열정을 가진 서구의 사람들은 식민지가 확장될 때 그곳으로 자원하는 마음과 열정을 가지고 나아갔다. 초기에 스웨덴과 노르웨이를 제외한 개신교국가들은 선교활동에 적극적이지 않았지만 선교의 사명을 가진 사람들이 자발적으로 선교회를 조직하여 정부가 개척한 식민지로 향하였던 것이다.

〈리빙스턴 선교사 동상과 월터 스콧 기념비〉

선교사들은 식민지 팽창의 도움을 받아 선교지에서 활동하기도 했지만 식민지 행정가들의 부조리와 부도덕을 비판하며 억압받는 토착민들의 편에 서서 인권을 보호하고 교육과 의료 선교를 행하였다. 예를 들어, 스코틀랜드 출신의 영국선교사 데이비드 리빙스턴(David Livingstone, 1813-1873)은 비인간적인 노예무역을 고발하였다. 아프리카에 대한 선교는 신대륙의 발견과 함께 더 박차를 가했다. 백인들은 북남미 대륙과 호주를 발견 한 후에 군대와 정부를 동원하여 거주영역을 넓혀나갔고 원주민을 무력으로 땅에서 몰아냈다. 교회는 점차로 정착한 백인들을 넘어서 토착 인디언(Native American)들에게 선교하였다. 선교의 과정은 서구의 발전된 문화를 전수하는 과정이기도 하였다. 선교사는 복음의 전도자로서의 역할을 수행하였을 뿐만 아니라 아프리카와 태평양의 섬나라에 자연과학

〈예일대학교 데이 선교 도서관〉

과 산업기술을 비롯한 서양문명을 전수하였다. 일반적으로 선교사들은 직접적인 전도방식보다는 우회적인 전도방식을 택하여 병원과 학교를 세워 의료와 교육 활동을 펼쳤다. 의사소통을 위하여 선교지의 언어와 문화를 습득하는 것이 요구되었고 성경을 토착어로 번역하여 토착문화와 세계관 및 언어를 보전하는 데에도 기여하였다. 제국주의에 대항하는 과정에서 토착문화에 기초한 새로운 형태의 기독교들이 등장하였다.

〈라민 사네〉

예일대학교의 종교학자 라민 사네(Lamin Sanneh)[6]는 서구의 선교사들이 원래 가지고 있었던 정복주의적 의도와는 상관없이 선교가 진행되면서 원주민

6) 라민 사네는 서아프리카 감비아 출신으로 1942년에 태어나 영국 버밍햄대학교와 베이루트에 있는 근동신학교(Near East School of Theology)에서 수학하였다. 런던대학교에서 이슬람역사로 박사학위를 받은 후에 가나대학교와 아버딘대학교를 거쳐 하버드대학교에서 가르쳤고, 1989년부터 예일대학교에서 종교학과 선교학을 가르치고 있다. 무슬림에서 감리교로 개종하였다가 지금은 로마 가톨릭교인으로 활동하고 있다.

의 문화들이 기독교 세계관과 융합되어 새로운 형태의 기독교를 이루어 온 '번역'(translation)의 창조적 현상에 주목한다. 그에 따르면 성경 번역은 단순한 '언어적 현상'이 아니라 '문화적 현상'이며 원주민의 문화가 선교의 과정에서 소멸되는 것이 아니라 오히려 생존하고 보존되는 계기를 맞는다. 그러므로 선교의 역사는 비판의 여지가 없는 것은 아니지만 일방적인 정복의 역사로만 볼 것이 아니라 원주민의 문화와 언어를 살리는 문화변혁의 역사로 보아야 할 것이다.

2008년부터 '세계 기독교 이니셔티브'를 시작한 예일대학교는 해외선교연구센터(OMSC)와 함께 아프리카 기독교에 대한 공동연구를 진행 중이다.

제 2 장
이집트 기독교: 마가의 교회

〈이집트 콥트교회의 예배 장면〉

이집트에는 대다수가 이슬람을 믿는 무슬림이지만 신기하게도 10퍼센트 정도의 기독교인이 살고 있다. 이들은 예수가 신적인 본성만을 갖는다는 단성론(one-nature Christology)을 지지하며 마가복음의 집필자로 알려진 마가가 42년경에 알렉산드리아에 세운 교회에서 유래하였다고 전해진다. 이 교회는 451년 칼케톤공의회에서 결의된 양성론(two-nature Christology)을 부정함으로써 동방정교회와 가톨릭교회로부터 분리되었다. 11세기 두 교회가 분리되기 전에 이미 최초에 신학적 차이로 기독교 교회 안에 분열이 있었던 것이다. 이 교회의 수도원운동과 콥트어로 쓰인 성경은 지금도 연구가치가 높다.

이집트는 성경에서 아기 예수와 가족이 피신한 장소로 묘사되고 있다. 히브리성경[구약성경]의 이사야서 19장에서도 이미 이집트에 주님을 위한 제단이 세워질 것이라고 예언되어 있다. 누가복음과 사도행전의 수신자 데오빌로도 알렉산드리아에 살던 유대인이었으며 네로황제의 통치기간에 그리스인과 유대인에 반대하여 수많은 이집트인이 기독교로 개종한 것으로 보인다. 고대 알렉산드리아에는 마가가 세웠다고 전해지는 유명한 신학교가 있었는데, 2세기에 클레멘트와 오리겐과 같은 신학자들이 학생들을 가르쳤다. 제롬도 알렉산드리아신학교를 방문하여 학자들과 교류하였다. 이 학교에서는 신학뿐만 아니라 과학, 수학, 인문학 등도 교육되었다고 전해진다.

3세기에 수많은 이집트 기독교인들은 사막으로 가서 수도원생활을 하였다. 그곳에서 기도하며 노동하고 신에게 몰입하는 삶을 살았던 것이다. 5세기 무렵에는 수백 개의 수도원과 수천 개의 동굴이 만들어졌다. 이 수도원들 가운데 상당 부분이 아직까지도 사용되고 있다. 6세기의 베네딕토(480-547)도 이러한 이집트의 수도원 모델에 기초하여 자신의 수도회를 유럽에 설립하였다. 그리고 사막의 교부들을 만나 영성을 회복하려는 순례자들의 방문도 끊이지 않았다.

325년 콘스탄티누스황제가 모집한 니케아공의회에서 신학적 논쟁을 벌였던 아리우스(Arius, 250-336)와 아타나시우스(Athanasius, 295-373)는 모두 알렉산드리아 출신이었다. 예수의 신성을 부정하던 아리우스는 결국 이단으로 몰렸다.[7] 아타나시우스의 입장이 정통으

7) 아리우스가 주장한 아리우스주의(Arianism)는 예수 그리스도를 하나님의 아들로서 인정하지 않고 창조된 존재로 본다. 니케아회의와 콘스탄티노플회의에서 이단으로 정죄되었다. 아리우스는 성부 하나님과 성자

로 수용되었고 니케아 신조가 만들어졌다.

〈아타나시우스(좌)와 아리우스(우)〉

그리고 381년 알렉산드리아의 교황 디모데 1세가 개최한 콘스탄티노플공의회에서 성령의 신성이 확인되었다.

431년 에베소공의회에서는 콘스탄티노플의 총주교 네스토리우스(Nestorius)에 대한 신학적 논쟁이 일어났다. 그는 하나님의 말씀이

가 영원히 함께 존재한다고 보지 않았다. 요한복음 14장 28절과 시편 8편 22절에 기초하여 성부 하나님이 성자보다 위대하며 성자는 하나님이 창조한 피조물이라고 주장하였다. 아리우스는 예수가 신적 존재로서 인류의 구원을 위하여 탄생하였다는 것은 인정했지만 하나님과 본질적으로 동일하다는 주장에는 반대하였다. 하나님의 본질과 유사할 수는 있지만 동일할 수는 없다는 입장이었다. 아리우스주의는 파문 후에도 로마황실에서 믿어졌고 아리우스주의의 선교사 울필라스(Ulfilas)에 의하여 초기 독일교회가 세워졌다.

본질적으로 인간의 본성에 결합되기보다는 인간 예수에 머물러 있다는 이성설(二性說)을 주장하였다. 그리고 동정녀 마리아를 “하나님의 어머니”(Theotokos)가 아니라 “그리스도의 어머니”(Christotokos)로 보았다. 그에 입장에 대하여 알렉산드리아의 교황 시릴 2세는 파문으로 응답했다. 아타나시우스의 입장이 재확인되었고 마리아는 신모로 간주되었다. 특히 말씀이 육신이 되신 예수는 하나의 위격 안에 두 본성이 통일된 분이지 두 위격으로 본성이 분리될 수 없다는 입장을 분명히 하였던 것이다.

451년 칼케톤공의회(Council of Chalcedon)는 그리스도가 완전한 신성과 완전한 인성의 두 가지 본성을 지닌 하나의 위격임을 확인하였다. 그러나 콥트 기독교인들은 두 본성이 섞이거나 혼돈되거나 변형됨 없이 하나의 위격인 신성에 결합되었음을 고백하며 두 본성은 한 순간도 분리된 적이 없음을 주장하였다. 예수 그리스도 안에 있던 인성은 신성에 녹아들어갔기 때문에 신성만 남았다는 설명이다. 이러한 단성론(monophysitism)에 기초한 이단으로 간주된 콥트 기독교인들은 비잔틴 동로마 제국의 지배 아래에서 혹독한 박해를 받았다.[8] 알렉산드리아의 반칼케톤주의자들은 고문을 당하여 칼케톤 신조를 받아드리도록 강요되었지만 대부분 이집트 기독교인은 시릴의 기독론을 고수하였다. 완전한 신성과 완전한 인성이 하나의 성육화된 신적 본성에 결합되어있다는 믿음이었다. 결국 이집트, 에티오피아, 시리아, 아르메니아의 기독교인들은 칼케톤신조를 수용하지 않았다. 칼케톤신조는 다음과 같다.

8) 단성론자들은 그리스도의 신성의 단일성을 주장했고 네스토리우스파는 그리스도의 인성을 보다 강조했다.

> 교부들을 따라서 우리는 하나의 일치 안에서 한 분이시며 같은 아들 우리 주 예수 그리스도를 받아들이도록 가르치는데, 그는 신성에 있어서 완전하시며 동시에 인성에 있어서도 완전한 분이시고, 참으로 하나님이심과 동시에 참으로 인간이시며, 또한 이성적 영혼과 육체를 가지고 계시며, 그의 신성에 있어서는 성부와 같은 본질을 지니고 계시며, 그의 인격에 있어서는 우리와 같은 본질을 지니고 계시는데, 죄로부터는 떨어져 있으나 모든 측면에서 우리와 같으시고, 그의 신성에 관해서는 역사 이전에 아버지로부터 출생하셨고, 그러나 그의 인간적 출생에 관해서는 우리와 우리의 구원을 위해 하나님의 어머니인 동정녀 마리아에게서 나셨다. 한 분이시고 동일한 그리스도, 성자, 주님, 하나님의 외아들이신 그는 두 가지 성질로 인식되는 바, 혼돈 없이, 변화 없이, 구분 없이, 분리 없이 계신 분이며, 성질들의 차이는 결합으로 인해 결코 없어지지 아니한다. 오히려 각 성질의 특징들은 보존되고, 한 인격과 생존을 형성하기 위하여 함께 오며, 두 인격으로 분리되거나 나눠짐 없이 한 분 같은 성자요 독생자이시며, 말씀, 하나님, 주 예수 그리스도시며 이와 같은 사실은 심지어 가장 최초의 예언자도 그에 관하여 말씀하셨고, 우리 주 예수 그리스도 자신이 우리에게 가르치셨고, 교부들의 신조도로 우리에게 이어져 내려오고 있다.

639년에 이슬람이 이집트에 침략하였다. 정치적 혼란에도 대부분의 이집트인은 기독교인으로 남았다. 그러나 점진적인 이슬람으로의 개종에 힘입어 12세기말에 가서는 이집트인의 다수가 무슬림이 되었다. 이슬람의 통치 아래 콥트 기독교인들은 인두세를 지불하였지만, 무함마드 알리 왕조가 집권한 1855년에 이 세금이 사라졌다. 19세기부터 기독교인은 군대에 다시 복무할 수 있었다. 콥트 정통 교회는 흑인노예무역에 관여하였고, 교회의 사제들은 아이들을 거세하여 오스만제국에 팔기도하였다.

현재 대략 2천만 명의 콥트 정통 기독교인이 세계에 있으며, 그 가운데 절반이 되는 1천만 명의 콥트 교인은 이집트에 거주하고 있다. 미국, 캐나다, 호주, 프랑스, 독일, 수단 등지에도 콥트 기독교인들이 거주하며, 2011년 1월에 알렉산드리아의 콥트교회에서 폭파사건이 일어나 23명이 사망한 사건은 이슬람과 기독교 사이에 오랜 긴장과 갈등이 현재 증폭되고 있음을 잘 보여준다. 나아가 이러한 종교 갈등에 대하여 방관한 정부에 부적절한 태도에 대한 비난시위가 확대되면서 30년간 장기간 집권했던 무바라크 대통령의 하야를 요구하는 반정부 국민운동으로까지 발전하였다.

〈사막교부들: 안토니와 바울〉

인접 국가인 이디오피아와 에리트레아에도 자매교회인 오리엔탈 정통교회가 있는데, 이 교회들은 니케아, 콘스탄티노플, 에베소에서 개최된 초기 세 개의 공의회의 권위만을 인정하고 있다. 일본의 세인트 조오지 정통교회는 2004년에 호주 시드니에서 사제로 안수를 받은 토마스 카나자키신부가 콥트어로 미사를 인도하고 있다.

미국에서 콥트어와 교회사를 공부하던 친구가 있었다. 그에게 콥트기독교의 중요성을 들었는데, 얼마 전 배재대에 한국어를 배우러 온 이집트 여학생을 통하여 여러 가지 특징들을 확인할 수 있었다. 미국의 콥트교회는 아랍어와 영어를 사용하고 성탄절과 부활절 등 다양한 축일들을 기념하며 한 달 넘게 단식을 한다. 그리고 교회 안에

재단은 보통 동쪽을 향해 있고 십자성호를 그으며 향을 사용한다. 세례식은 살수법이 아닌 침수법으로 하고 성자들과 마리아 및 천사들을 통하여 중보기도를 요청한다. 고해성사가 성례로 인정되며 이콘(icon)이나 성화의 영적 의미도 강조된다. 성경의 권위만큼이나 전승의 권위도 중시되지만 방언기도는 교회 안에서 권장되지 않는다.

〈이집트의 콥트교회 전경〉

참고로 미국의 콥트 정통 교회 네트워크(Coptic Orthodox Church Network)에는 콥트 교회의 독특한 신학, 의례, 역사, 콥트어, 아랍어 성경, 성자 등에 관련된 유용한 자료들이 많이 제공되고 있다. (www.copticchurch.net)

제 3 장
동방 기독교: 이콘의 교회

〈예수 그리스도의 이콘〉

기독교는 종교로서 정치와 분리되어야 하는가. 미국 기독교의 영향을 받아온 한국 기독교는 정교분리를 당연시 해 왔지만 세계 기독교의 일반적 현상은 아니다. 동방 기독교는 콘스탄티노플이 1453년

터키에 함락된 후에 세속적 권위와 긴장관계를 경험하게 되었다. 정치와 종교가 밀월관계를 유지한다면 어떻게 될까. 동방교회는 비잔틴제국으로부터 지원을 받으며 특권을 누렸지만 그와 동시에 자유의 제한도 받았다.

서방 기독교에서는 교황이 국왕보다 지위가 강성했던 경우가 있었지만 동방 기독교에서는 총대주교들이 황제들의 눈치를 보며 직위를 유지하였다. 비잔틴의 황제는 제국의 생존을 위하여 로마와 결합을 시도했지만 이슬람 제국의 침략을 당하였다. 오스만제국은 교회에 상당한 자유를 주었다. 총대주교들은 기독교도들에 대하여 정치적이며 종교적 권위를 가졌다. 콘스탄티노플의 많은 교회들은 모스크로 전환되었지만 상당한 교회가 국가의 보호 아래 종교의 자유를 누렸다. 16세기에 오스만제국이 시리아와 팔레스타인을 정복하면서 콘스탄티노플의 총대주교가 그곳의 교회들을 관할하였다. 이집트는 함락한 후에는 알렉산드라아의 총대주교가 교회를 다스렸다. 이처럼 총

〈미나렛을 세워 모스크로 변형된 성 소피아(Hagia Sophia) 성당〉

대주교의 통치권을 인정하면서도 술탄에 대한 반대는 용납되지 않았다. 그리스가 터키로부터 독립하자 독자적인 교회를 만들자는 의견과 콘스탄티노플 총대주교를 따르자는 입장이 대립하였다.

19세기부터 20세기초까지 오스만 터키 제국은 몰락하였다. 이 과정에서 그리스를 시작으로 세르비아, 불가리아, 루마니아 등이 국가별로 정교회를 이루었다. 콘스탄티노플의 총대주교는 에스토니아, 라트비아, 체코슬로바키아 등의 유럽지역에도 정교회의 독립을 인정했지만 2차 세계대전 후에 러시아 영향권에 들어가면서 소비에트 종교정책에 영향을 받게 되었다. 20세기초까지 예루살렘, 알렉산드리아, 안디옥 등의 총대주교구들은 이슬람의 지배를 받게 되었다. 처음에는 가톨릭과 개신교로 개종을 하였지만 서구의 지배에 반발하며 아랍 민족주의가 대두되면서 성장이 둔화되었다. 20세기 중반 이후에 국가와 교회의 연합을 유지한 국가는 그리스뿐이다. 교회학교의 감소와 무신론적 정부의 등장에도 불구하고 전통적인 예배의식은

〈동방교회의 세례식〉

정교회의 연속성을 이어갔다. 차별을 피하기 위하여 청년기에는 교회참석을 기피했지만 은퇴 후에는 다시 교회활동에 참여했다.

러시아 기독교의 신자들은 1453년 콘스탄티노플의 함락을 이단적인 로마와의 재결합에 동의한 교회의 결정에 대한 하나님의 심판으로 간주했다. 콘스탄티노플을 로마를 대체하는 "제 2의 로마"로 생각했듯이, 모스크바는 "제 3의 로마"로 평가되었다. 1547년 러시아의 이반 4세는 로마와 콘스탄티노플의 황제처럼 "짜르"라는 황제의 칭호를 사용했고, 1598년부터 모스크바의 대주교도 총대주교라고 불렸다. 러시아 기독교는 그리스 정교회와 화해를 모색하기 위하여 예배의식의 개혁을 모색하였는데, 그 과정에서 오히려 교회 안에 분열을 경험했다. 귀족들의 새로운 사상에 반대하는 농노들은 반란을 일으켰지만 무참히 진압되었다. 이들 가운데 일부는 종말론적 극단주의로 흘러 집단 자살을 하기도 했다. 러시아의 피터 대제는 그리스 정교회와의 화해보다는 서구 기독교의 관계에 적극적이었

〈예루살렘의 동방교회(좌)와 모스크(우)〉

다. 가톨릭과 개신교의 신학을 적절히 조합하여 정교회의 정체성을 변화시켜 나갔다.

러시아 혁명으로 모든 논쟁은 종식되었고 1918년 교회는 공식적으로 국가로부터 분리되었다. 1936년에 종교의 자유와 함께 반종교 선전의 자유가 동시에 헌법으로 보장되었다. 1920년에 학교의 종교교육은 금지되었고 신학교들은 폐지되었다. 공산주의의 오랜 통치에도 불구하고 러시아 내의 정교회 신자가 6천만에 이르렀다는 점은 러시아 기독교의 힘을 잘 보여준다. 일본, 중국, 한국의 정교회는 러시아 정교회가 선교한 결과이며 토착화되어 성직자와 신도가 토착어로 의식을 거행하고 있다. 정치적 박해와 경제적 불안을 이유로 정교회 디아스포라는 세계 곳곳에 늘어가고 있다. 그러나 여러 국가 출신의 정교회 신자들이 모이면서 동방 정교회는 공동체 내 연합문제로 고민하고 있다.

마리아를 "하나님의 어머니"라고 보기를 거부하는 네스토리우스파는 중국에까지 선교활동을 하였다. 그러나 20세기초에 핍박을 받자 서구로 이동하여 미국, 이란, 이라크 등에 정착하였다. 칼케톤공의회에서 신성과 인성을 구분하는 입장에 반대하는 단성론자들은 우리가 이미 살펴보았던 콥트 교회와 이디오피아 교회를 형성하였다. 특히 후자는 정부의 적극적인 지원을 받았지만 1974년 셀라시에 황제가 몰락하자 종식되었다. 시리아의 단성론 교회는 시리아와 이라크에서 "야곱파"라 불리며 상당한 세력을 유지하고 있다. 안디옥 총대주교는 이 야곱파의 수장이며 사도 도마가 세웠다고 전해지는 인도의 시리아파 교회에도 영향을 미치고 있다. 아르메니아 교회도 칼케톤 신경을 거부하였다. 페르시아인들이 아르메니아를 침략했을 때 로마 제국이 도와주지 않았던 것에 대한 반감이 있기 때문이다. 19세기말부터 20세기초까지 수천 명의 아르메니아 기독교인들이 터키의 지배 아래 학살당했다. 약 100명이 시리아, 레바논, 이집트, 이란, 이라크, 그리스, 프랑스 등으로 이주하였다.

〈러시아 정교회 지도자들과 푸틴 대통령〉

동방 기독교는 에큐메니칼 운동에 소극적이었다. 그러나 20세기 중반부터 세계교회협의회의 노력으로 정회원이 되었다. 동방 기독교와 서방 기독교 사이의 대화의 노력은 동방 기독교 안의 대화에도 기여하고 있는 것이다. 후스토 곤잘레스의 지적처럼, 우리는 동방기독교의 전통에서 예배의식의 의례적 중요성과 정교관계에 대한 새로운 통찰력을 받을 수 있다.

제 4 장
레바논 기독교: 백향목의 교회

〈레바논의 매로나이트 교회〉

레바논(Lebanon)은 남으로는 이스라엘, 북과 동으로는 시리아로 둘러싸여 있고, 서로는 지중해가 맞닿아있는 중근동지역에서 가장 많은 기독교인이 거주하고 있는 독특한 국가이다. 오랫동안 오스만 제국의 지배를 받았지만 1차 세계대전 이후에 프랑스의 식민지가 되었다가 다시 2차 세계대전을 경험한 다음에 독립국가가 되었다.

레바논은 예수가 여러 가지 기적을 행한 장소이기도 하다. 마가복음 15장 24절 이하에 보면, "예수께서 일어나서 거기를 떠나 두로(Tyre) 지방으로 가서 한 집에 들어가 아무도 모르게 하시려하나 숨길

수 없더라. 이에 더러운 귀신 들린 어린 딸을 둔 한 여자가 예수의 소문을 듣고 와서 그 발아래에 엎드리니 그 여자는 헬라인이요 수로보니게 족속(Syrian Phoenicia)이라 자기 딸에게서 귀신 쫓아내 주시기를 간구하거늘"이라고 기록되어 있다. 사도 베드로가 페니키아인들에게 복음을 전하였기 때문에 안디옥교회의 초대 총대주교라는 주장이 있기도 하다. 사도 바울도 두로와 시돈에서 복음을 전파하였다. 초기 기독교 공동체의 선교활동에도 불구하고 높은 산악지대에는 토착종교가 계속해서 영향력을 유지했다.

4세기에 성 매론(Maron, 혹은 마론)을 성자로 섬기는 매로나이트교회가 등장했는데, 그리스교회, 동방교회, 안디옥 정통교회에 그 기원을 두고 있으며 레바논에서 가장 많은 기독교인이 속한 공동체가 되었다. 매로나이트교회는 의례와 교리의 차원에서 정교회와 유사하

〈레바논의 영원함을 상징하는 백향목(Cedar)〉

며 매론의 수도원이 안디옥과 가까이 있었기 때문에 자율적으로 수도사들이 산에 모여 매론을 수장으로 섬기며 거주했다. 로마 황제와 이슬람 왕조의 박해를 피해 산에서 신앙생활을 해 오다가 십자군 전쟁의 과정에서 서방교회에 처음 알려지게 되었다. 16세기에 매로나이트교회는 가톨릭교회의 교리를 수용하며 통합되었고, 프란시스코 수도회, 도미니칸 수도회, 예수회 선교사들이 선교를 통해 가톨릭으로 개종시켰다.

〈매론(410년 사망)〉

무슬림들에 둘러싸여 있으면서도 고산지역에 기독교인으로서 독특한 정체성을 형성해온 매로나이트교회는 나름대로 총대주교제도를 형성하고 있고, 레바논의 대통령은 반드시 매로나이트교인이어야 한다는 전통을 만들었다. 매로나이트교인을 이어 그리스정교회가 두 번째로 큰 기독교 교파를 이루며, 아르메니아 사도교회, 그리스 멜카이트 가톨릭교회, 동방가톨릭교회, 콥트교회, 시리아교회 등이 있다. 매로나이트교회는 교황을 인정하며 협력관계를 이루고 있지만 나름대로의 의례와 성직제도가 있다. 매로나이트교회의 총대주교는 가톨릭교회의 추기경으로 간주된다. 의례에는 라틴어 대신에 시리아어를 사용하고 있지만 동방교회들 가운데 가장 라틴문화의 영향을 받은 교회이다. 레바논의 수도원들은 매로나이트교회와 정교회에 의하여 운영된다.

타이프 협약에 의하여 기독교와 이슬람이 정치적 협력을 이루며 경제적으로 급성장하고 있다. 남부의 헤즈볼라가 이스라엘을 자극함으로 기독교와 이슬람의 연정관계가 매번 위기의 도마에 오르내리지만 대통령을 배출하는 매로나이트교회의 역할이 수상을 배출하는 수니파 무슬림의 영향력보다 적다고 할 수는 없을 것이다. 레바논의 군사령관과 은행장도 기독교공동체에서 배출되어왔다.

〈호주 매로나이트교회의 내부전경〉

매로나이트교회는 레바논에서 가장 큰 기독교 공동체이며 토착기독교의 성격이 강하다. 12세기에 가톨릭교회와 교류하던 관계가 단절되었다가 다시 16세기에 회복되었다. 이러한 연합에도 불구하고 의례와 율법에서는 시리아 고어와 아랍어 및 아람어를 사용한다. 오스만 제국(1516-1914) 아래에서도 고산지대에 고립되어 상대적으로 독립적으로 살았지만 1857과 1858년에 매로나이트 농민들이 토지소유주들에 대항하여 반란을 일으켜 프랑스가 개입하게 되었다. 매로나이트교회는 안디옥의 총대주교의 지도를 받아왔다. 이 총대주교는 감독들에 의하여 비밀리에 선출된 후 교황에 의하여 임명되었다.

매론은 원래 시리아어로 "작은 주"라는 뜻을 지니며 4세기 기원설과 7세기 기원설이 공존하고 있다. 그는 수도원생활을 강조하며 삶의 고행적 측면을 강조했다. 물론 매로나이트교회의 신부들은 결혼을 할 수 있지만 고위직으로는 올라갈 수 없으며 성과 속의 영역을 분리하지 않는 통합적 사고를 한다. 오히려 물리적 세계가 하나님과의 관계를 강화한다고 보았다. 자연 속의 고독 가운데 모든 것에서 하나님을 발견하려는 노력은 기도와 수행을 통하여 하나님과 하나가 될 수 있다는 신비사상으로까지 발전하였다. 결국 모든 것이 하나님과 연결되어 있으며 동시에 하나님이 모든 것과 연결되어 있다는 신학이 강조되었다.

7세기에 매로나이트교회의 독특한 교리를 이단시하는 다른 기독교의 박해를 피하여 해안지역에서 산간지역으로 이동하였다. 대부분 매로나이트는 농촌 지역에 흩어져 살아왔지만 레바논 산간지역에 집중해 살고 있다. 도시 매로나이트는 주로 베이루트 동부지역과 그 외각에 거주한다. 그들은 레바논의 가장 최상위계층을 점유하며 다른 종파의 사회적 진출을 직간접적으로 방해하기도 한다. 그리고 레바논의 독립에도 정치적으로 큰 기여를 하였다.

매로나이트교회가 가장 큰 교회이기는 하지만 멜카이트(Melkite)라고 불리는 그리스 가톨릭교회가 그 뒤를 이어 두 번째로 큰 규모를 갖고 있다. 18세기에 그리스 정교회와 분리된 그룹으로 매로나이크 교회보다 더 고대적 의례와 관습을 지닌다. 아랍어를 사용하며 비잔틴교회의 의례를 따른다. 레바논에서 보통 가톨릭이라고 하면 로마 가톨릭 교회도 매로나이트 교회도 아닌 바로 이 멜카이트를 이른다. 교회의 수장은 안디옥에 머물며 이 교회의 총주교도 감독들이 선출하고 교황이 임명한다. 그리스 정교회와 마찬가지로 그리스 가톨릭 교회도 이콘(icon)을 사용하지만 조각은 거부한다.

레바논의 기독교인들은 아랍인으로서의 정체성을 강조하는 무슬림들과 거리를 두며 페니키아인으로서의 인종적 차이를 강조하는데 노력해 왔다. 현재 이러한 정체성에 대한 논쟁은 기독교인과 무슬림 사이에 갈등의 요인이 되기도 한다. 범아랍주의에 반대하며 레바논의 민족주의를 지지하는 것이 기독교인들의 주된 입장이다.

레바논에 있는 개신교인은 19세기와 20세기에 시작된 영국과 미국의 선교사들의 선교활동에 의하여 등장하기 시작했다. 주로 장로교, 회중교회, 성공회 등이 있으며 베이루트에 거주하며 인구에 1퍼센트를 구성한다. 반면에 아르메니아 정교회는 '그레고리안 교회'라고 불리며 5세기 칼케톤공의회의 입장을 수정하여 예수 그리스도의 신성만을 믿는다. 1차 세계대전을 전후로 터키에서 진행된 아르메니아인에 대한 살육을 피해 레바논으로 피신해 온 아르메니아 정교회 신자들은 기독교와 이슬람 사이에 중립적인 입장을 고수하여 정치적 신학적 논쟁에 말려들지 않으려고 한다. 세계에 레바논사람들이 많이 흩어져 있다. 남미의 브라질, 서아프리카의 세네갈과 아이보리 코스트에 주로 이주해 있으며, 호주에도 27만 명의 레바논 이민자들이 있다. 그러나 종교적 다수가 이슬람을 믿는 중동지역에서 종교적 소수자로서 기독교인들의 미래가 불투명한 상황 아래 있다.

제 5 장
로마 가톨릭 교회: 교황의 교회

〈베네딕토16세(Benedict XVI)〉

〈프란치스코1세(Francesco I)〉

로마 가톨릭 교회는 12억 명(2013년 현재)의 신자를 가진 세계에서 가장 큰 기독교 교파다. 교황을 정점으로 단일 종교공동체를 이루고 있다는 점에서 가장 큰 종교조직이라고 할 수 있다. 2005년에 78세의 고령의 나이로 교황으로 선출되었던 독일 출신의 베네딕토 16세는 2013년 2월 28일에 건강상의 이유를 들어 돌연 사퇴하였다. 266대 교황으로 새롭게 선출된 아르헨티나 출신의 프란치스코 1세의 본명은 호르헤 마리오 베르고글리오(Jorge Mario Bergoglio, 1936-)이다. 그는 청빈을 강조하며 “가난한 이들을 위한 가난한 교회”를 주장한다. 그는 청소년시설을 방문하여 발을 씻겨 주었는데 그 가운데는 여학생과 무슬림 청소년도 있었다. 그에게는 "최초의 라틴아메리카 출신 교황", "최초의 예수회 출신 교황" 등 "최초"라는 수식어가 붙어 다닌다. 그에게는 풀어야 할 난제들이 산적해 있다. 교황청 개혁, 바티칸은행의 투명화, 여성사제허용문제, 동성결혼지지문제, 사제성추행문제, 낙태 및 콘돔사용 문제 등이다.

20세기와 21세기에 재위했던 교황들의 명단은 다음과 같다.

재임기간	교황명	출신	비교
1903-1914	비오 10세	이탈리아	257대
1914-1922	베네딕토 15세	이탈리아	258대
1922-1939	비오 11세	이탈리아	259대
1939-1958	비오 12세	로마	260대
1958-1963	요한 23세	이탈리아	261대
1963-1978	바오로 6세	이탈리아	262대
1978-1978	요한 바오로 1세	이탈리아	263대
1978-2005	요한 바오로 2세	폴란드	264대
2005-2013	베네딕토 16세	독일	265대
2013-	프란치스코	아르헨티나	266대

가톨릭교회에 따르면 예수의 제자였던 베드로를 초대 교황으로 하여 1세기부터 교황제도는 그 연속성을 지녀온다. 이탈리아 출신의 교황이 대부분이었지만, 프랑스, 독일, 스페인, 네덜란드 출신의 교황도 있었다. 가톨릭교회는 중세시대에 서유럽에서 강성한 정치적 권력을 누렸지만 이후 이탈리아에서조차도 교황의 권위가 바티칸시티로 축소될 만큼 세속국가와 무신론의 세력 확장에 위기의식을 느끼고 있다. 16세기 종교개혁에 대항하여 가톨릭교회의 내부개혁을 주도한 트렌트 종교회의(1545-1563)의 정책과 제도는 계속해서 유지되어 왔지만 현대 세계의 변화에 맞추어 가톨릭교회를 개혁하려는 목소리가 점차 커지고 있다.

〈바티칸시티 중앙에 있는 성 베드로 성당〉

1차 세계대전 이후에 베네딕토 15세는 교황령은 교황의 지배영역이며 이탈리아 정부가 불법적으로 강탈한 것이라는 주장을 폈지만 세속 정부들에게 무시를 당했다. 그의 뒤를 이은 피우스 11세는 선교사를 배가하여 북유럽 국가에 관심을 기울였고 선교의 장려와 교회의 성숙에 힘을 기울였다. 중국의 주교들을 최초로 임명한 것도 그의 공적들 가운데 하나다. 그는 제 3세계 정책에 관심을 기울였고 평신도의 활동을 장려했다. 공산주의에 대해서는 비판적 태도를 가지고 있었지만 파시즘에 대해서는 우호적이었다. 1929년 무솔리니와의 협약을 통하여 로마의 바티칸시에 대한 교황의 주권을 인정하고 다른 영토의 상실에 대해서는 경제적 보상을 지급받았다. 피우스는 나치 정권을 정죄하면서도 프랑코 파시즘에 대하여 지지를 하였다. 독일의 가톨릭교회는 자유주의와 공산주의를 두려워하며 나치 정권을 지지했다. 나중에 나치 정권의 위험을 깨닫기는 했지만 히틀러와 무솔리니의 유대가 강화되면서 교황은 난관에 처했다. 피우스 12세는 나치정권의 전복을 측면에서 지원했지만 중립선언을 함으로써 유대인 학살사건에 대하여 방관자적인 태도를 보여 후에 비판을 받았다.

피우스 12세가 지상의 가톨릭교회를 보호하는 것을 최우선의 정책으로 생각하다보니 다른 모든 문제를 부차적으로 보았다. 전후 교황의 외교정책은 공산주의의 위협을 경계하는 방향으로 진행되었다. 러시아의 공산주의는 동유럽과 중국으로 급속도로 확산되었다. 스페인 내란을 겪으면서 수 천 명의 가톨릭 성직자들이 살해되었다. 따라서 가톨릭교회를 무시하는 세속적 국가들 가운데 프랑코 정권은 오히려 가톨릭교회의 좋은 파트너로 보였다. 피우스 12세의 보수적 신학은 창조적인 가톨릭 신학자들을 침묵하게 했다. 떼이야르 드 사르댕의 저술은 교황청에 의하여 출판이 금지되었다. 프랑스의 노동자 신부들이 자본주의를 반대하자 지지를 철회하였다. 그는 제2차 바티칸공의회가 가능하도록 가톨릭교회의 국제화에 크게 공헌하였다. 피식민지 국가들의 독립을 지지하였고 비이탈리아인들도 쿠리아와 추기경단에 참여시켰다.

〈제2차 바티칸 공의회〉

〈교리의 본질〉

〈교황 요한 23세(1958-1963)〉

교황 요한 23세는 선출된 지 3개월 만에 에큐메니칼 종교회의 소집계획을 발표하였다. 그는 72세의 고령의 나이에도 불구하고 협상과 외교에 탁월한 역량을 보였다. 제1차 바티칸공의회에서 교황의 무오류성 교리가 반포되었기 때문에 종교 공의회를 다시 소집할 필요가 없었다. 그러나 그는 주교들에게 명령하기보다는 충고를 들어 전체 교회를 개혁하고 싶어 했다. 1962년 10월 요한 23세가 제2차 바티칸공의회의 개최를 선언하였다. 그는 전통적인 가톨릭 신조들에 대한 논의와 더불어 나누어진 기독교의 연합을 위한 비서국을 따로 마련하여 현대사회뿐만 아니라 다른 교파들과의 화해를 모색하였다.

〈교황 바오로 6세(1963-1978)〉

루터교회를 대표한 신학자 린드벡(George Lindbeck, 1923-)을 비롯한 비가톨릭 관계자들도 이 모임을 참관하였다. 요한 23세가 이듬해 1963년에 사망하였지만 그의 뒤를 이어 바오로 6세가 공의회를 계속 진행했다. 보수적인 입장에서 반대가 있었지만 대체로 진보적인 입장에서 공의회의 결의문이 채택되었다.

〈요한 바오로 1세(John Paul I)〉

〈요한 바오로 2세(John Paul II)〉

전임교황들의 교회개혁을 이어가려던 요한 바오로 1세가 재임 한 달만에 사망하고 요한 바오로 2세가 최초의 비이탈리아계 교황으로 선출되어 그의 뒤를 이었다. 폴란드의 가톨릭교회는 교황의 존재에 큰 힘을 얻었고 교황은 성직자의 생활과 수도사의 훈련에 보수적인 태도를 보였다. 그는 빈자의 고통과 압제자의 횡포를 극복하기 위하여 사회정의에 큰 관심을 보였다.

제2차 바티칸공의회는 총 16개의 문서, 즉 4개의 헌장, 9개의 교령, 3개의 선언을 공식적으로 선포하였다. 복음과 교회의 전체 전통이 제기하는 시대적 요구사항에 부흥하는 포괄적인 교회의 쇄신을 법률적 규제를 통해서가 아니라 사목적이며 신학적인 관점에서 접근했다. 믿을 교리로서 선포된 것이 아니라 삶에 구체적으로 실천될 수 있도록 시행규정을 마련하기 위한 교황청 위원회들이 임명되었다. 그렇다면 제2차 바티칸공의회가 가져온 변화는 무엇인가. 과거의 고압적인 교회관 대신에 세상 안에 함께 하는 교회의 이미지로 거듭남으로써 수직신학이 수평신학으로 변하였다. 예를 들어 성전의 감실이 성전 벽 중앙에 위치하지 않고 옆으로 비켜 위치하게 되었고 사제가 뒤를 돌아 성전 벽에 위치한 제대에서 드리던 미사가 이제는 벽과 분리된 제대에서 신자들을 바라보며 함께 미사를 드리게 되었다. 신학과 교회 생활을 위한 성경 중심의 접근방식, 전례 쇄신, 교회생활에 평신도의 적극적인 참여 등이 두드러졌다. 그러나 교황청의 개혁은 다루지 못했다는 한계를 지닌다. 사제의 독신문제와 산아 조절의 문제 등이 과제로 남아 있다. 현재 가톨릭교회는 주일 미사에 참여하는 신도의 급격한 감소와 종교적 무관심의 증대라는 문제를 해결하기 위하여 복음화에 진력하고 있다.

〈떼이야르 드 샤르뎅〉

가톨릭교회는 위대한 사상가들을 많이 배출했다. 특히 떼이야르 드 샤르댕(Pierre Teilhard de Chardin, 1881-1955)은 프랑스 출신의 예수회 신부로서 과학과 신앙, 이성과 신앙의 대립을 극복하려고 시도한 철학자이며 신학자였다. 그는 종군신부로 일했고 고생물학 박사학위를 받았다. 진화론과 창조론을 결합하여 하느님의 창조력을 과학적으로 이해하려고 노력했다. 그의 첫 번째 저술은 로마당국의 정죄를 받았고 그는 중국으로 보내졌지만 1929년에 발견된 북경 원인의 화석을 분류하는데 크게 기여하였다. 사후에야 그의 작품들은 출판될 수 있었다. 그는 진화의 과정이 하나의 종착점을 지향한다고 보고 그리스도를 의미하는 "오메가 포인트"라는 용어로 지칭했다.

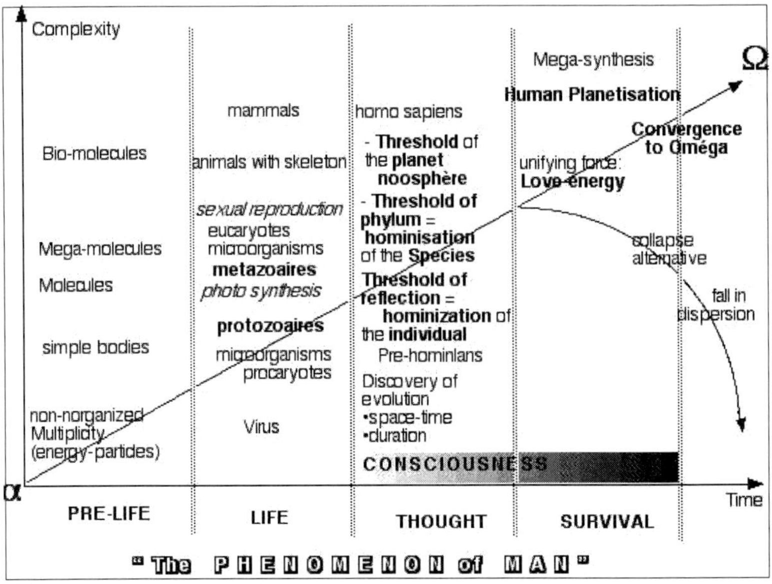

〈샤르뎅의 오메가포인트 이론〉

제 6 장
켈트 기독교: 영성의 교회

〈영국 최초의 순교자 성 알반(Alban)〉

중세 초기에 켈트언어를 구사하던 사람들의 기독교 전통들을 주로 '켈트 기독교'라고 부른다. 로마 가톨릭교회와 구별되는 독특한 의식들과 신학들을 가지고 있었다고 하지만 지금은 그 흔적을 찾아 볼 수 없는 '죽은' 전통이다. 따라서 '켈트 기독교'를 정형화된 형태의 제도 종교로 보아서는 안 될 것이다. 중세시대에 가톨릭교회의 영향력 아래 모든 유럽의 교회가 편재되는 과정에서 영국 지역에 존재하던 모든 토착 기독교 교회들이 고사했다고 할 수 있을까? 가톨릭교회의 전통에 반대하며 교황의 절대적 권위를 거부했던 켈트 기독교는 지금의 가톨릭 전통보다도 더 영성을 강조하며 자연친화적이며 여성차별을 지양했을 것으로 추정하고 있다. 그러나 이러한 켈트 기독교의 독특한 특징들은 잉글랜드 종교개혁과 낭만주의의 분위기 그리고 최근 뉴에이지 문화가 등장하면서 새롭게 개념화된 것이라는 비판도 있다.

3세기에 처음 기독교가 영국에 전파되었을 때 성 알반(St. Alban)과 그의 친구들이 순교를 당했다. 콘스탄티누스 황제가 기독교를 공인한 4세기 초 이후에는 기독교가 적극 장려되었지만 북방민족의 로마 공격을 제어하기 위하여 영국으로부터 부대가 철군한 후로는 세금도 군대의 영향력도 더 이상 미치지 못하였다. 그 결과 초기 공의회들의 영향력에서 벗어나 독특한 성격을 띤 토착 기독교가 영국에 발전하여 '이단'으로 몰리기도 하였다.

6세기를 전후로 영국교회의 리더들은 수도원을 중심으로 교회를 지도해 나갔다. 당시 이상기후와 질병이 세계적으로 일어나 영국과 아일랜드는 긴밀한 관계를 맺고 있었는데 당시 2천 명이 넘는 자급자족하는 수도원이 방골(Bangor)에 있었던 것으로 추정된다. 나중에 "영국교회의 창시자"라고 불리게 되는 어거스틴(Augustine of Canterbury, 604년 사망)이 그레고리 교황의 지시로 캔터베리의 대주교가 되었다. 그는 캔트의 왕을 개종시키고 자유롭게 선교를 하여 백성들을 기독교인으로 만들었지만, 켈트교회의 감독들은 그의 선교를 수용하지 않았다.

베데의 기록에 의하면, 어거스틴이 로마교회식 부활절 계산방법의 수용, 세례방법의 변화, 색슨족에 대한 선교동참 등을 제안했지만 겸손할 줄 모르는 그의 오만한 태도에 실망한 켈트교회의 감독들이 그의 제안을 결국 거절했다. 한 쪽은 고난주간을 엄숙히 지켰지만 다른 한 쪽은 부활의 축제를 기념하는데 주력하였다. 나아가 켈트교회 수도자들의 머리스타일도 문제로 삼았다. 그러나 더 근본적인 것은 캔트왕국의 지지를 받던 어거스틴의 선교에 참여하는 것이 그의 권위에 순종한다고 보았기 때문이다. 켈트교회는 교회의 창시자를 예수의 시신을 반출했던 아리마데의 요셉(Joseph of Arimathea)으로 보며 전설의 아더왕(King Arthur)이 로마제국 멸망 후에 그 전통을 유지해 왔다고 믿는다. 위클리프(John Wycliffe, 1328-1384)와 그의 추종자 롤라드파(Lollard)는 로마교회에 대항하여 반사제주의와 성경주심주의를 주장하였다.

〈켈트기독교의 십자가〉

로마제국의 일부가 된 적이 없었던 아일랜드는 5세기에 기독교가 들어온 후 교구보다는 수도원을 중심으로 발전했다. 성 패트릭(Patrick)은 성공적인 선교를 통하여 남녀, 미혼, 기혼 신자들이 함께 하는 공동체를 세웠다. 기독교가 유입되기 이전의 아일랜드는 무문

자사회였지만 기독교와 함께 라틴어가 도입되었다. 대륙과는 달리 감독이 수도원장의 직을 겸하였다. 6세기와 7세기에 아일랜드 수도사들은 스코틀랜드의 콜럼바와 유럽대륙의 골 지역에 수도원들을 세웠고, 아이오나(Iona)에서 온 수도자들은 잉글랜드의 앵글로색슨족에게 큰 영향을 주었다.

문서의 화려한 장식과 독특한 문양으로 세워진 십자가(high cross) 및 성배제작 등이 켈트교회 안에 유행하였다. 유럽 대륙에 세워진 켈트 수도원은 8세기에 들어서면서 지배계급이 수도원 안에 세습되고 세속화되었다. 따라서 수도원 간에 수도원장 선출문제를 두고 전쟁을 벌여 많은 사상자를 내기도 하였다. 라틴 교회와 통합의 노력이 진행되기는 했지만 켈트교회의 독특한 부활절 계산과 준수는 계속되었다.

켈트교회의 주요 특징은 먼저 수도원운동(monasticism)에 있었다. 로마 가톨릭교회가 교구와 감독의 치리를 강조하는 반면에 켈트교회는 수도원장과 수도원의 권위를 더 중시했다. 수도원장은 사제나 감독이 아니었고 아일랜드의 왕족들이나 특정한 가계혈통의 후손들이었다. 안수를 받은 성직자는 성례를 집행하면서도 종교적 권위와 세속적 권위를 갖지는 않았다. 성직자가 수도원장의 통제를 받지 않았다는 의견도 일부 있기는 하지만 수도원이 이상적인 교회공동체의 모델이었음은 분명하다. 그러나 아일랜드의 교회는 수도원을 강조했지만 영국의 교회는 그때에도 유럽대륙의 흐름을 따랐다. 대륙을 대표하는 베네딕트 수도회와는 달리 콜럼바 수도회는 금식과 체벌을 강조하였다.

켈트 교회에서는 부활절 날짜계산도 다르고 수도사의 머리모양(tonsure)도 달랐다. 로마 가톨릭 수도사는 머리 가운데를 깎아 예수의 가시면류관 같은 머리 모양을 유지했지만 켈트교회는 이마 위를 밀어 올렸다. 죄의 고백도 비밀리에 사제에게 하며 개인적으로 보석을 행했다. 나아가 고향을 떠나 외지로 나아가는 추방제도가 있었는데 경우에 따라서는 자진해서 영적 구도와 선교를 목적으로 아주 고향을 떠나기도 하였다. 아일랜드에 선교를 했던 성 패트릭과 아일랜드의 성 콜럼바 등이 선교를 목적으로 고향을 떠났던 대표적인 사례이다.

〈아일랜드의 성인 패트릭〉

〈필사본 켈트성경〉

현재 아일랜드의 기독교는 로마 가톨릭교회가 87퍼센트를 차지하고 있다. 영국에 복속해 있는 북아일랜드의 가톨릭도 최근까지 영국의 보수적인 장로교회와의 심각한 갈등을 겪어왔다. 아일랜드에 처음 기독교가 유입된 것은 성 패트릭의 선교활동으로 거슬러 올라간다. 북아일랜드에서는 장로교와 성공회 및 감리교를 합치면 개신교가 40퍼센트에 이르는 가톨릭교회보다 더 많다. 특히 성공회는 스스로를 신학적으로는 가톨릭 전통에 서 있다고 생각하면서도 개신교와 마찬가지로 보편적 로마교황의 권한을 인정하지는 않고 있다.

패트릭은 372년경에 스코틀랜드의 덤바톤에서 태어났지만 노예로 붙잡혀 아일랜드에 팔려갔다. 탈출에 성공하지만 선교를 요청하는 아일랜드사람들의 모습을 꿈에서 보게 되어 다시 아일랜드로 돌아가 선교활동을 하였다. 주교가 된 그는 461년에 선교사가 되어 아일랜드로 돌아갔고 493년에 사망하였다. 아일랜드 수도원의 명성이 유럽에 퍼져 많은 학자들이 아일랜드로 왔다. 라틴어로 된 학문과 문화가 고립된 수도원의 환경 속에서 차곡차곡 쌓여 일종의 저장고의 역할을 한 것이다. 앵글로색슨족의 귀족들도 아일랜드의 수도원, 특히 아이오나 수도원에서 교육을 받았고 이렇게 아일랜드에서 교육을 받은 잉글랜드사람들은 그 스승을 초대하여 잉글랜드에서 선교활동을 하도록 주선하였다. 이들은 6세기에 시작된 로마 선교사들보다 월등히 좋은 결과를 냈다. 아일랜드의 수도원에서는 세속적인 학문도 함께 교육됨으로써 이 지식의 산물들이 중세학문의 밑거름이 되었다.

초기 스콜라주의의 창시자 스코투스 에리우게나(Johannes Scotus Eriugena, 815-877)는 아일랜드 출신으로 그리스문헌을 라틴어로 번역하여 카파도키아 교부들과 그리스신학전통을 전한 신플라톤주의자다. 그는 인간뿐만 아니라 동물을 포함한 모든 사물들이 하나님의 속성을 사색함으로써 진보를 통하여 하나님에게로 돌아간다고 보았다. 그에게 철학과 신학은 동일한 것이며 인류는 결국에 하나님의 나라와 조화를 이룰 것이라고 보았다.

9세기와 10세기에 북방에서 내려온 바이킹들이 아일랜드의 수도원들을 약탈하였다. 12세기에는 잉글랜드의 헨리 2세가 로마교회의 진리를 수호한다는 목적으로 더블린을 함락하였고 모든 켈트교회가 동화를 약속하였다. 그 결과 토착의례는 폐지되었고 잉글랜드의 의

〈아이오나 수도원〉

례가 수용되었다. 켈트교회에서는 부족장이 성직자를 통제하였는데, 이제 그러한 체제가 전복된 것이다. 16세기와 17세기가 지나면서 영국이 아일랜드의 교회를 지배하게 되었다. 이 과정에서 영국과 스코틀랜드의 개신교인들이 아일랜드를 식민지화하였지만 대부분 아일랜드인은 로마 가톨릭교인으로 남았다. 16세기 영국의 종교개혁을 통하여 헨리 8세는 영국과 아일랜드 교회의 수장이 되었다. 17세기에 아일랜드의 모든 공직에서 가톨릭교인과 비국교회인이 배제되었고 영국과 스코틀랜드에서 온 정착민들에게 가톨릭 교인의 토지가 분배되었다. 이러한 강압적 종교정책 때문에 가톨릭교도가 개신교에 대한 반감을 갖게 되었다. 1869년에 교회세가 완전히 폐지되면서 아일랜드의 국교회가 청산되었고 상원의원에서도 교회대표가 사라졌다. 1990년대 말에 아일랜드 성직자의 광범위한 성추행사건이 속속 밝혀지면서 아일랜드에서 가톨릭교회는 위기를 맞고 있다.

제 7 장
장로교: 칼빈의 기독교

한국의 개신교 교파 가운데 가장 규모가 큰 교회는 바로 장로교회이다. 감리교회가 18세기 영국의 웨슬리에 의하여 설립되었다고 한다면, 장로교회는 그 역사의 정점에 16세기의 프랑스인 존 칼빈(John Calvin, 1509-1564)이 있다. 그는 분명 루터보다 현학적이며 협소했다. 그의 부친은 주교의 비서였고 모친을 일찍 여의고 귀족 후원자의 집에서 교육을 받았다. 18세에 교구의 수입을 얻고 삭발을 했다. 그는 법학과 인문학을 연구했다. 그는 파리에서 개신교 사상을 접하였고 그의 친구였던 콥의 총장취임 연설문을 작성하여 도망자의 신세가

되었다.

칼빈은 바젤에서 1536년 <기독교강요>를 처음 출판한 후에 1539년과 1559년에 개정 증보판을 냈다. 그가 1536년 제네바에 도착하자 개혁자 파렐(Guillaume Farel)은 그를 강사로 임명하였다. 프랑스어를 사용하는 스위스에서 파렐은 바렌에서 종교개혁을 시작했고 제네바에서도 그 개혁을 이어갔다. 베른과 프라이부르그의 지원을 받으면서 제네바는 독립을 유지하며 무력으로 가톨릭주의를 몰아냈다. 칼빈은 실제적인 개신교적 경건과 전통을 실현하려고 하였는데, 월급을 타는 설교가로서 칼빈은 제네바에 큰 영향력을 행사했다. 그러나 엄격한 규율과 질서의 강요는 시민의 저항을 맞게 되고 1538년 부활절에 제네바에서 추방을 당하는 신세가 되었다.

칼빈은 슈트라스부르그로 가서 독일의 멜랑히톤과 만났다. 그가 떠난 제네바에는 당파싸움이 일어났고 칼빈 지지파가 승리하자 다시 칼빈을 불러드렸다. 1541년 다시 제네바에 돌아 온 칼빈은 1555년까지 심각한 저항을 겪었다. 그러나 예전과 달리 그의 반대자들은 추방당하거나 처형되었다. 예정론을 공격했던 볼섹은 정죄를 당했고 예정론은 제네바에서 공인된 교리가 되었다. 삼위일체를 반대하던 세르베트도 화형을 당했다. 그들의 정적들은 제거되었고 1555년에 개혁은 완성될 수 있었다.

칼빈의 신학은 전 세계로 뻗어나갔다. 그는 서신교환과 제네바 아카데미를 통하여 서방과 동방의 여러 나라에 있는 개신교회에 영향을 주었다. 프랑스의 개신교회는 그의 영향 아래 있었고 스코틀랜드의 존 녹스(John Knox)와 잉글랜드, 폴란드, 헝가리의 개신교도와 밀접한 관계를 맺었다. 그의 입지가 강화되자 독일의 루터파와도 관계의 단절이 생겼다. 스위스의 교회들은 성만찬에 대한 제네바와 취리히의 양해를 기초로 통일되었지만 독일의 개혁자들과는 거리를 두었

〈스위스 제네바의 종교개혁가들, 파렐, 칼빈, 베자, 녹스〉

다. 칼빈 사후에 베자(Theodore Beza)가 엄격한 예정론을 주창했다.

칼빈은 위대한 교의학자로서 <기독교강요>에서 예정론과 성만찬론을 강조했다. 예정론에 따르면 하나님의 은총에 따라 영원부터 어떤 인간들은 구원으로 다른 인간들은 저주로 규정되었다. 하나님은 무제한적인 영광을 나타내기 위하여 선과 악을 창조했다. 인간은 하나님의 목적을 성취하기 위한 도구로서 선택된 자이다. 칼빈주의적 경건은 루터적 경건보다 일방적이고 완고하며 강인하다. 성만찬론에서는 칼빈은 루터와 츠빙글리 사이에 서 있었다. 성만찬에서 물질의 변화, 그리스도의 신체적 임재는 발생하지 않는다. 성만찬은 교회의 상징적 행위일 뿐만 아니라 신자들에 대한 하나님의 은총의 선물이다. 칼빈은 예배에서 로마적 미사를 완전히 제거하였다. 칼빈은 설교예배와 성만찬예배를 구분하여 후자를 1년에 4회 지켰다. 그리고 예배당 안에 있었던 오르간, 성상들, 십자가들, 촛불들, 제단들을 제거해 버렸다.

칼빈의 교회관은 성경에 제시된 교회헌법이 교회에서 본질적 지위를 누린다는 것이다. 교회는 하나님께 영광을 돌리고 선택된 자들의 성화에 기여하며 선택되지 않는 자들을 하나님의 율법에 굴복시킨다. 그는 춤과 놀이를 금지했으며 네 개의 영적 직무들로서 (1) 설교와 목회를 위한 목사들, (2) 가르치는 박사들, (3) 교회를 치리하는 장로들, (4) 구제하는 집사들로 구성되어 있었다. 교회최고기관(Konsistorium)은 목사들과 장로들로 구성되었으며 교회의 제반 사항들을 처리하였다. 교회치리는 도덕적 잘못에 대하여 행하여 졌으며 처벌들이 효력이 없을 때에는 세상 법정에 고발했다. 주로 농업지역에서 환산되었던 루터교와는 달리 칼빈주의는 무역과 산업의 도시였던 제네바에서 경제적 삶에 대하여 관대하였다. 칼빈은 이자수입과 고리대금업을 구별하였다. 그는 5퍼센트의 이자수익을 허용했으며 칼빈주의의 청교도적 지류는 북미에 꾸준한 경제활동을 통한 근대자본주의의 성립에 기여했다.

〈존 칼빈, 존 웨슬레(1703-1791), 야곱 아르메니우스〉

17세기에 네덜란드에서 아르메니안 논쟁이 일어났다. 야곱 아르메니우스(Jacobus Arminius, 1560-1609)와 고마루스(Franciscus Gomarus, 1563-1641) 사이에 신학논쟁이 발단이 되었다. 라이덴대학의 두 신학교수의 대립은 네덜란드의 내적 위기를 발생시켰다. 사회의 지도층들은 종교에 대한 무관심을 보였지만 하급계층의 민중들은 엄격한 칼빈주의를 고수하려 하였다. 1618-1619년에 열렸던 도르트레히트 총회에서 아르미니안주의(Arminianism)는 정죄를 받았고 칼빈주의적 예정론은 확정되었다. 엄격한 칼빈주의적 교리의 승리는 교회 정치적 이상의 승리를 의미하지 않았다. 오히려 네덜란드에서 칼빈주의적 교회개념이 해체되었다. 국가는 교회 위에 군림했고 국가는 칼빈주의적 국가교회 외에도 모든 종파들에 관용을 베풀었고 데카르트와 스피노자와 같은 철학자들에게 연구의 자유가 주어졌다. 1618년에 외국으로 도망쳤던 아르메니아인들은 1625년 이후에 귀국하여 교회와 신학교를 세웠다.

도르트레히트의 규정은 프랑스와 스위스에는 수용되었지만 독일의 온건한 개혁교회에는 받아들여지지 않았다. 도르트레히트 신경의 내용은 다음과 같다.

(1) 하나님의 예정, 곧 선택은 미리 예지된 신앙에 근거해서가 아니라, 신앙에로 선택하신 것이다.
(2) 오직 택함을 받은 백성들에게만 예수 그리스도의 구원사역은 유효하다.
(3) 하나님의 선택은 변함이 없다.
(4) 하나님이 내리시는 구원의 은혜에 대적할 수 없다.
(5) 선택함을 받은 자들은 성령의 역사로 견인의 확신 가운데서 그리고 영원한 구원에로의 감사함 가운데서 살아간다.

개혁교회의 핵심 교리는 칼빈이 직접 만들지는 않았지만 칼빈 사후에 그의 추종자들에 의하여 “은총의 교리”라고 불리는 칼빈주의

5대 강령(TULIP)으로 다시 설명될 수 있다.

첫째 전적 타락(total depravity)의 교리는 모든 자연인은 그의 구원에 필요한 신앙을 만들어낼 수 없다는 것이다. 스스로의 힘으로는 기독교 복음을 믿을 수 없을 정도로 그의 의지와 능력 그리고 본성은 죄악에 눌려 있어 기능을 발휘할 수 없다. 성령의 능력으로 회복이 필요하다. 믿음은 타락한 죄인이 하나님에게 드리는 것이 아니라 하나님이 죄인에게 주시는 은총의 선물이다.

둘째 무조건적 선택(unconditional election)의 교리는 이러한 은총을 받을 인간에 대한 선택은 하나님의 의지와 뜻에 의하여 결정된다는 것이다. 세상이 창조되기 전에 하나님의 계획에 다른 것이지, 인간의 복종, 회개, 신앙에 의한 결과가 아니다. 구원은 하나님의 선택이지 죄인의 선택이 아니다.

셋째 제한된 속죄(limited atonement)의 교리는 하나님의 은총이 무제한적인 모든 사람들을 대상으로 하는 것이 아니라 제한된 선택된 자들에게 한정되어 있다는 것이다. 예수 그리스도의 속죄는 하나님의 선택을 받은 자에게만 효과가 있는 것이므로 성령에 의하여 그리스도의 죽으심으로 구원을 받은 자들만이 은총을 받는 다.

넷째 불가항력적인 은총(irresistable grace)의 교리는 하나님이 구원하고자 선택한 자는 그 은총을 피할 수 없다는 것이다. 외적인 부르심을 모든 자들에게 주어지지만 회심에 이르는 내적인 부르심은 누구도 저항할 수 없다. 그러므로 하나님이 정하신 믿음의 사람은 결코 구원을 얻는데 실패할 수 없다.

다섯째 성도에 대한 견인(perseverance of saints)의 교리는 하나님의 은총을 받아 구원에 이르게 될 선택된 자들은 심판의 날까지 하나님의 인도하심을 받게 된다는 것이다. 성부의 선택, 성자의 죽음, 성령의 인도로서 삼위일체의 구원이 완성되는 것이다.

제 8 장
감리교: 웨슬리의 기독교

〈야외에서 설교하는 요한 웨슬리〉

17세기말의 영국은 합리주의자의 득세로 기독교는 공적 영역에서 힘을 상실하고 도덕적 훈계를 가르치는 종교로 전락했다. 사회전반이 도덕적 부패와 문맹 및 음주에 젖어 있었다. 18세기에 경건한 종교생활을 재도입하려는 여러 시도들이 진행되고 있었다. 성경을 읽고

기도하며 빈번한 성찬식의 집례 등을 통하여 변화를 모색했는데, 1702년 웹워드에서 웨슬리의 부친 사무엘이 '경건의 모임'(collegia pietatis)을 이끌고 있었다.

18세기에 영국에서는 복음주의의 부흥이 일어났다. 웨슬리 형제의 감리교, 화이트필드(George Whitefield, 1714-1770)의 칼빈주의적 감리교, 국교회의 복음주의자들이 주축이 되었다. 이들은 모두 처음에는 영국교회 안에서 활동을 해 나갔다. 웨슬리 형제의 부친은 영국국교회(성공회)의 신부였고 엡워드 교구의 목사였다. 그의 모친 수산나는 19명을 낳았는데, 존은 15번째이고, 찰스는 18번째였다. 존은 1720년에 옥스퍼드대학의 크라이스트 처치대학에 입학하였고 1726년에 링컨대학의 연구원이 되었다. 교수직에 가기 위하여 성공회 신부로 1728년에 안수를 받은 존이 학교를 떠나 있던 사이에, 찰스가 동료학생들과 성서연구와 기도생활에 힘쓰는 클럽을 조직했다. 존이 학교로 돌아 와 이 클럽의 지도자가 되자 감옥을 정기적으로 위문 방문하며 '신성 클럽'(Holy Club) 혹은 '방법론자'(Methodist)라는 별명을 얻었다.

〈요한 웨슬리(John Wesley)와 찰스 웨슬리(Charles Wesley)〉

이 클럽에는 존보다 열한 살 아래였던 화이트필드도 참여하였는데 그는 1736년에 성공회 신부로 안수를 받고 미국에 1738년부터 1769년까지 수차례 설교여행을 행하며 미국교회의 부흥에 불을 붙였다. 사무엘의 사망 후에 웨슬리 형제는 선교사로 임명을 받아 1735년 미국의 조지아로 떠났는데, 모라비아교인의 찬양하는 모습에 감화되었다. 웨슬리 형제는 선교활동을 했지만 실의와 좌절을 경험하며 귀국하였다. 다행히 런던에서 웨슬리 형제는 모라비아교인이었던 피터 뵐러를 만나 참된 신앙과 회심을 배웠다. 1738년 그는 억지로 올더스케이트가의 성공회 모임에 가서 로마서 주석을 듣는 순간 가슴의 뜨거움을 체험했다.

〈미국 조지아주 사바나에 세워진 웨슬리 동상〉

존 웨슬리는 이러한 확신의 배경이 된 모라비아인들을 좀 더 이해하기 위하여 독일로 가서 직접 진젠도르프를 만났다. 2주간 헤른후트에 머물렀지만 그들의 지나친 주관성과 신비주의가 마음에 와 닿지 않았다. 웨슬리 형제는 런던 주변에서 기회가 있는 대로 설교를 하였다. 그는 화이트필드의 초대를 받아 브리스톨에서 야외집회를 인도했다.

〈영국의 미국 식민지에서 설교하는 화이트필드〉

1739년 최초로 브리스톨에서 감리교 회단을 창설했다. 다음해 런던에서는 모라비아교도와 분리하여 감리교도가 따로 연합회단을 조직하였다. 그러나 웨슬리는 영국 국교회 안에 남기를 원했다. 그는 12명 단위로 속회(Class)를 만들어 속회장을 세워 재정적 필요와 영적 발전을 도왔다. 연회와 지방 및 감리사의 제도를 마련하였다. 설교자들이 영국 국교회에서 안수 받도록 노력했고 성찬예식의 집례는 스스로 행하였다. 웨슬리는 기독교인의 완전과 예정론에 관련된 신학 논쟁에 말려들었다. 결국 아르미니우스주의가 정통신학으로 수용되었다. 1741년에 요한 웨슬리는 보편구원론을 수용하고 화이트필드는 예정론을 고수했다. 그 후 감리교인들 가운데는 두 개의 각기 다른 방향들이 존속하게 되었다. 그러나 1770-1777년에 벌어진 심각한 칼빈주의 논쟁으로 감리교회의 주요 집단은 예정론을 떠나게 되었다.

감리교는 규모가 커져 영국 성공회와 분리하게 되었다. 헌팅턴 부인 교파는 1779년에 웨일즈 감리교를 설립하였고 웨슬리의 감리교는 1791년 웨슬리가 사망한 후 분립되었다. 그는 영국의 중류층과 하류층에 종교적 부흥을 가져왔고 미국 감리교의 형성에도 지대한 영향을 미쳤다.

여기서 우리는 경건주의의 흐름을 살펴볼 필요가 있다. 1690년부터 1730년경까지 독일의 개신교는 경건주의(Pietism)의 지배를 받았다. 이 경건주의는 가톨릭의 신비주의와 얀센주의, 17세기 영국의 청교도주의와 퀘이커주의, 18세기 영국의 감리교회 등과 유사성을 지닌다. 경건주의의 특징은 (1) 생동적이며 내면화된 마음의 경건을 추구하며, (2) 경건을 노동의 실천으로 확증하고, (3) 세상과 오락을 멀리하고 금욕적으로 관리하며, (4) 외형적 국가교회를 거부하고 분파주의적 경향을 지닌다.

〈스페너(1635–1705)〉

〈진젠도르프(1700–1760)〉

독일의 슈페너(Philipp Jakob Spener, 1635-1705)는 프랑크푸르트, 드레스덴, 베를린에서 목회를 하며 신학자와 귀족에게 큰 영향을 주었다. 그는 하나님의 말씀에 대한 철저한 연구, 평신도의 활동적 종교생활, 지식보다는 행위의 강조, 사랑에 찬 종교논쟁, 신학을 실천적 생활과 연결, 설교는 경건하게 이루어져야 한다고 주장했다. 그가 이끈 성서모임은 경건주의의 정신을 학생들과 시민들 가운데 심어주었다. 그러나 그를 엄격한 도덕설교가로 간주한 정통주의자들은 그를 배격했다.

경건주의는 1694년에 설립된 독일북부의 할레대학에서 확고한 자리를 차지하였다. 프랑케(August Hermann Franke, 1663-1727)는 고아원과 대학을 통하여 경건주의의 정신을 실현했다. 프랑케는 라이프치히, 엘푸르트에서 목회를 하다가 목사로서의 직무와 교수직을 결합시켰다. 빈자를 위한 학교, 시민학교, 교육원, 고아원, 라틴어학원 등의 젊은이들을 위한 교육과 훈련을 시도하였고, 루터교의 이방선교를 진작시켰다. 1710년에 성서공회를 세워 염가로 성서를 발간했다. 1727년 프랑케의 학교에서 2200명의 학생이 170명의 교사들 밑에서 교육을 받았다. 프랑케는 열정적 종교생활과 편파성을 보여주었다. 회심을 경험하지 않으면 그리스도인으로 간주하지 않았고 경건에 도움이 되지 않는 것은 해로운 것으로 보았다. 신학연구는 성서를 거룩하게 연구하기 위한 것으로 생각했기 때문에 학문과 철학을 불신했으며 조직신학의 과제에 대해서는 무관심했다. 그의 실용성에 대한 강조는 실업학교의 발판이 되었다.

웨슬리에게 영향을 주었던 헤른후트의 형제교회는 진젠도르프(Nicolaus Ludwig Zinzendorf, 1700-1760)가 설립했다. 슈페너에 자극을 받은 경건주의적 가문출신으로 프랑케의 교육원에서 종교적 영향을 받으며 성장했다. 법학을 공부한 후 드레스덴에서 궁정과 법정의

자문가로 활동하는 중에 자신의 영토에 온갖 종교의 열광주의자들과 종파주의자들이 머무를 수 있는 피난처를 마련해 주었다. 그는 1727년 헤른후트에 독특한 헌법과 예배를 가진 정치적 교회적 공동체를 건설했다. 이 형제단 교회는 교파간의 대립들을 넘어서 기독교의 갱신을 위한 종교적 중심지가 되었다.

감리교는 전통적으로 기독교 신앙과 실천을 탐색하기 위하여 성경, 전통, 이성, 경험의 네 가지 요소를 고루 사용한다. 성경을 통하여 세상을 바라보며, 역사와 문화를 통해 형성된 감리교의 전통을 참고하고, 비평적 이성을 이용하여 성경과 세상을 해석하고, 인간의 삶 가운데 나타나는 하나님의 은총을 경험한다.

감리교는 목사로 안수를 받은 설교자의 역할만큼 평신도 설교자의 역할을 중시한다. 영국의 감리교회에서 평신도 가운데 훈련 받은 설교자는 목사만큼 다양한 사역에 봉사할 수 있다. 그리고 부총회장은 반드시 평신도 리더가 선출된다. 이러한 전통은 감리교가 다른 기독교교파들에 비하여 넓은 지역에 확산될 수 있도록 도왔다.

감리교의 구원관은 “모든 사람이 구원을 받을 수 있다.”는 보편구원관을 지향한다. 인간의 일그러진 본성은 예수 그리스도의 죽음과 부활로써 회복되었다고 믿으며 성령의 인도로 완전한 거룩한 삶을 살 수 있다고 본다.

웨슬리는 성공회의 안수목사였지만 신앙의 확신이 없었다. 그는 지속적인 영적 탐색을 함으로써 하나님의 확증을 받을 수 있었던 것이다. 그는 1738년 5월 24일에 루터의 로마서 주석 서문을 들으면서 죄와 죽음으로부터 자유함을 얻었다는 확신을 갖게 되었다.

성화된 삶에 대한 갈구는 다른 사람보다 더 성스러운 삶을 살려는 경쟁을 의미하는 것이 아니라 하나님의 은총이 삶의 구석구석까지 스며들어 삶 전체가 변화되는 것을 의미하는 것이다. 물론 인간이

신의 경지에 이를 정도로 완벽해 질 수는 없지만 하나님과 이웃을 향한 사랑 안에서 완벽에 이를 수 있다고 본다.

6천곡의 찬송을 남긴 찰스 웨슬리의 영향을 받아서인지 감리교에서는 교회음악의 중요성이 강조되어 왔다. 웨슬리 형제는 미국으로 선교여행을 가는 도중에 거친 풍랑 속에서 찬송을 부르며 담대함을 잃지 않았던 독일계 모라비아교인들의 모습에 큰 감명을 받았다. 찰스 웨슬리가 남긴 찬송들이 한국교회의 찬송가에도 다음과 같이 포함되어 있다.

"하나님의 크신 사랑 하늘에서 내리사. 우리 맘에 항상 계셔..."
"만유의 주 앞에 감사를 드리고 다 경배하면서 찬송을 부르세."
"만 입이 내게 있으면 그 입 다 가지고 내 구주주신 은총을..."
"참 놀랍도다. 주 크신 이름 온 세상 중에 다 전파하라."
"오랫동안 기다리던 주님 강림하셔서 죄에 매인 백성들을..."
"천사 찬송하기를 거룩하신 구주께 영광 돌려보내세. 구주..."
"예수 부활했으니 할렐루야. 만민 찬송하여라. 할렐루야."
"내 주님은 살아계셔 날 지켜주시니 그 큰 사랑인하여서 나..."
"대속하신 구주께서 구름 타고 오실 때 천만 성도 함께 모여"
"천부여 의지 없어서 손들고 옵니다. 주 나를 외면하시면..."
"나 맡은 본분은 구주를 높이고 뭇 영혼구원 얻도록 잘 인도..."
"비바람이 칠 때와 물결 높이 일 때에 사랑 많은 우리 주..."
"웬일인가 내 형제여 주 아니 믿다가 죄 값으로 죄옥형벌..."
"나 맡은 본분은 구주를 높이고 뭇 영혼 구원 얻도록 잘 인도..."

제 9 장
미국 기독교: 이민자의 교회

〈예일신학대학원(CT)〉

〈하버드신학대학원(MA)〉

〈프린스턴신학대학교(NJ)〉

〈유니언신학대학원(NY)〉

미국 기독교는 유럽 기독교가 이식되면서 시작되었다. 프랑스의 가톨릭교회, 독일의 루터교회, 영국의 성공회처럼 하나의 국가에 특정한 교파가 국가교회로서 독점하는 상황 아래에서 본국을 떠나 새롭게 만들어진 대서양 건너의 기독교는 다양한 교파들을 배경으로 형성된 것이 어쩌면 너무나 당연한 현상이다. 국가와 종교의 분리를 헌법에 제정한 이유도 종교의 자유를 찾아 '신대륙'에 도착한 미국의 초기 정착자의 삶을 반영하는 것이다. 국가교회의 정착자도 뒤를 따랐고 같은 교파 기독교라고 하더라도 문화, 언어, 역사가 다른 민족들은 종족교회를 형성하며 영어와 모국어를 함께 사용하게 되었다.

가톨릭 신앙은 남미와 미국의 남부로 주로 퍼져나갔다. 총과 칼을 앞세운 토착민들에 대한 공격적 선교는 유럽의 제국주의를 옹호하며 강제로 그들을 개종시켰다. 스페인의 강압적인 선교방식과는 달리 포르투갈은 브라질에서 온건한 선교를 지향했다. 뒤를 이어 프랑스인들도 토착민에 대한 비교적 관대한 선교를 진행하였다. 프랑스가 정복했던 지역은 미국 합중국에 팔았고 캐나다는 영국에 양도되었다. 17세기부터 시작된 영국의 선교정책은 스페인의 획일적인 선교정책과 사뭇 달랐다. 버지니아주에는 영국의 국교회가 주로 정착했지만 비국교회를 대표하던 청교도들은 주로 매사추세츠주에 정착하였다. 뉴암스텔담에는 개혁파 화란인이 정착했고 펜실배니아주에는 퀘이커 교도들이 자리를 잡았다.

네덜란드는 영국에 패배한 후에 북미에서 물러났다. 영국의 식민지들이 합중국을 형성하면서 매사추세츠주는 회중교회가, 버지니아주는 감독교회가 주로 종교와 정치를 장악했다. 17세기말에 영국의 자연신론은 존 로크와 데이비드 흄의 사상을 중심으로 미국 기독교에 큰 영향을 주었다. 그 결과 미국 유니테리언 협회가 19세기초에 결성되었고 많은 회중교회와 성공회가 유니테리언교회가 되었다. 엄격한 칼빈주의에 대항하여 인간의 본성에 낙관적 태도를 취하는 아르미니우스주의를 거쳐 다시 인간의 선함을 강조하는 유니테리언주의가 강화되었다. 침례교회는 브라운대학교를 설립하였지만 여전히 회중교회와 장로교회가 미국 기독교의 주류를 장악했다. 회중교회는 침례교인을 추방할 정도로 교회의 정부지배를 강조했다.

〈프란시스 애즈베리의 목사안수〉

18세기에는 스코틀랜드와 아일랜드의 이주민들이 늘어나면서 장로교회가 증가하였고 미국의 독립에 크게 기여하였다. 중앙집권체제에 대한 회중교회의 반감은 현대 미국의 정치체제를 연방제로 발전시키는 기초를 이루었다. 1776년 영국에서 독립을 하면서 감리교회의 교세가 늘어났다. 미국이 독립하기 전까지는 감리교회는 성공회의 일부로 머물렀다. 그러나 독립 후에 평신도 설교자들의 활동에 힘입어 세 번째로 큰 교단이 되었다. 순회전도자와 평신도의 활동뿐만 아니라 이민자들을 수용함으로써 연합감리교회를 형성하였다. 웨슬리는 코크(Thomas Coke, 1747-1814)와 애즈베리(Francis Asbury, 1745-1816)를 미국에 파견하여 감리교회들을 감독하도록 하였다.

성공회(Anglican church)는 감독교회(episcopal church)로 그 전통을 이어갔고 퀘이커 이민자들도 꾸준히 늘어났다. 펜실배니아주는 모든 교파가 종교의 자유를 누릴 수 있는 최초의 주가 되었다. 그러나 종교적 소수자였던 가톨릭교회는 영국의 식민지에서 받았던 반감을 해소하기 위하여 다각적인 노력을 하였다.

미국 기독교는 다양한 교파들로 시작하였고 정치와 종교가 분리되면서 교파교회의 독립성이 법적으로 유지되었다. 그러나 현실적으로는 미국 기독교는 정치와 사회를 장악하였다. 국가교회와는 달리 교회에 대한 소속감이 감소했고 교회가 사회활동의 중심이 되었다. 미국 기독교는 평신도 운동이 활발하여 선교와 사회개혁운동 및 절제운동 등을 주도했다. 그러나 공교육에서 종교교육은 배제되었고 주일학교가 그 자리를 맡았다. 미국의 감리교회는 영국보다 앞서서 교회가 조직되었다. 1784년에 볼티모어에서 코크와 에스베리가 감리사로 선출되었다. 19세기초에 아프리카감리교회가 분립되었고 1939년에 남북감리교회가 합동하여 연합감리교회를 이루었다. 침례교회는 칼빈주의, 재세례파, 만인구원론 등의 영향을 받으며 1609년 영국에 최초의 침례교회가, 1639년 프로비던스에 최초의 미국침례교회가 설립되었다. 18세기에 아일랜드와 스코틀랜드에서 주로 이주해 온 장로교회는 부흥운동을 반대하는 구파(Old Side)와 지지하는 신파(New Side)로 나뉘었고, 다시 회중교회와의 연합을 반대하는 구학파(Old School)와 지지하는 신학파(New School)로 대립해 오다가, 남북전쟁을 거치면서 1983년에 연합미국장로교회(Presbyterian Church in the United States of America, P.C.U.S.A.)로 통합되었다. 그러나 미국장로교회(Presbyterian Church in America, P.C.A.)는 보수적인 신학노선을 걷고 있다. 성공회는 미국 독립 후에 감독교회로 명맥을 이어갔고 루터교회는 교리의 배타성 때문에 미국사회에 큰 영향을 끼치지는 못했다. 이밖에도 네덜란드, 독일, 헝가리에서 개혁교회가 도입되었다.

〈조나단 에드워드〉

〈에머슨〉

삼위일체의 교리를 부정하는 유니테리언(Unitarian)은 예수를 인간으로 보고 성경을 인간의 이성으로 해석한다. 19세기초에 에머슨(Ralph Waldo Emerson, 1803-1882)을 중심으로 초월주의 클럽이 형성되었고 하버드대학교를 유니테리언의 본거지로 삼았다. 이에 대한 반발로 앤도버신학교가 1808년에 만들어졌고 예일대학교는 부흥각성운동의 영향 아래 다른 방향으로 발전했다. 부흥운동으로 많은 예일대학생들이 회심을 하자 1822년에 신학교를 증설하고 선교사를 배출하였다. 경건주의 운동에 영향을 받아 미국에서 일어난 18세기 부흥운동은 에드워즈(Jonathan Edwards, 1703-1758)가 이끌었다. 계몽주의, 합리주의, 물질주의에 의한 교회의 쇠퇴를 각성과 쇄신으로 회복하려는 영적 각성 운동이 일어났던 것이다.

18세기에 칼빈주의적 감리교 설교자 조지 화이트필드가 미국을 수차례 방문하여 순회설교를 하면서 제 1차 대각성운동이 일어났다. 웨슬리가 아르미니우스주의에 근거한 반면에 에드워즈는 칼빈주의에 근거한 부흥운동을 주도했다. 인간의 구원은 오직 하나님의 은혜로 가능함을 강조하며 자연신론을 거부하였다. 제 2차 각성운동이 뉴잉글랜드와 켄터키에 일어나면서 교역자의 배출이 시급했지만 장로교는 고등교육의 조건을 고수함으로써 침례교와 감리교에 비하여 교세확장에 뒤쳐졌다. 전통적인 장로교신학을 비판하며 바톤 스톤과 토마스 캠벨은 각각 '크리스천' 교회와 '그리스도의 제자' 교회를 조직하였다가 합동하였다. 이중예정론을 반대하는 컴버랜드장로교회가 1810년에 분리되었다. 장로교회가 분열로 몸살을 앓는 동안 감리교회는 부흥운동을 독점해 나갔다.

1826년에 장로교회와 회중교회가 연합으로 '미국내지선교회'를 설립하였고 복음주의 교회의 부흥운동은 침례교와 감리교의 확장에 큰 도움을 주었다. 감리교회는 19세기 중엽에 가장 큰 교단으로 성장하였는데, 수양회, 평신도설교자, 회개와 성화를 촉구하는 웨슬리적 신학 및 감독제도가 큰 기여를 하였다.

침례교는 자치적인 교회운영과 농부출신의 설교자들이 많았다. 두 교회다 신학교육을 충분히 받기 전에 설교자로 활동할 수 있다. 지금도 침례교회는 소명감이 있고 교회 지도자의 자질이 있으면 먼저 안수를 주어 설교자로 세운 뒤에 목회를 하면서 신학교육을 받게 한다. 제 2차 각성운동으로 완전주의, 천년왕국신앙, 만인구원론을 강조하는 새로운 교파들이 등장했다.

남북전쟁(1861-1865)은 기독교 교파를 남과 북으로 분리시켰다. 양측은 하나님이 자기의 편인 듯이 기도하고 예배에 참여하였다. 전쟁 후에 해방된 노예들은 백인들의 교회와 분리된 흑인교회를 형성하였다. 장로교 목사 피어슨(Authur Tappan Pierson, 1837-1911)이 주축이 되어 1886년에 형성된 해외선교를 위한 학생자원운동(Student Volunteer Movement for Foreign Missions)은 이후 대학생들의 해외선교의 초석이 되었다.

19세기 후반에 무디(Dwight Lyman Moody, 1837-1899)에 의하여 부흥운동이 일어났다. 무디는 생키(Ira D. Sankey, 1840-1908)의 찬양사역에 힘입어 미국과 영국에서 전도집회를 인도하였다. 그의 설교는 단순했지만 낙관주의와 복음주의에 기초해 있었으며 도덕적인 삶보다는 회개를 통한 구원을 강조했다. 흑인은 백인에게 교회에서도 사회에서도 차별을 당했다. 부커 워싱턴(Booker Washington, 1856-1915)은 학교를 세워 흑인인재를 양성하려고 하였고 헨리 터커는 흑인들의 부당한 대우에 맞서 저항하였다.

〈반주자 생키와 부흥사 무디〉

침례교의 마틴 루터 킹(Martin Luther King, Jr., 1929-1968)목사는 흑인의 인권운동을 주도하다가 1968년에 암살당했다. 그는 간디의 비폭력사상을 시민운동에 적용하여 1964년 최연소 노벨평화상을 수상하기도 하였다.

〈부커 워싱턴〉

〈마틴 루터 킹〉

20세기에 여행과 방송을 통한 강연회와 부흥회에서 약 3백 2십만 명을 기독교로 회심시킨 인물은 남침례교의 '빌리' 그레이엄(William Franklin Graham, 1918-)목사이다. 그는 오바마 대통령을 포함하여 무려 12명의 대통령들과 개인적 친분관계를 유지하며 조언자로 활동했으며 미국 복음주의 진영을 대표하는 위대한 설교가로 간주되고 있다. 청년 그레이엄은 일리노이주의 위튼대학교(Wheaton College)에서 인류학을 전공하였으며 1947년 이래로 복음주의 십자군(evangelical crusade)운동을 전 세계에서 펼쳤다. 그는 종합경기장, 공원, 도로를 빌려 수천 명의 합창단을 동원하였다. 설교 후에 강대상 앞으로 결신자들을 초대하여 기도하는 방식을 취했다. 반공주의를 표방하며 냉전시대의 입장을 고수하면서 민주당을 지지해 왔지만 아들 프랭클린을 후계자로 세우고 지금은 은퇴하였다.

Time

2001년 9월 11일 사태 이후에 미국 기독교는 애국주의적인 성향을 더 강하게 띠고 있지만 유럽의 교회들처럼 급격한 세속화의 위기에 봉착해 있다. 한편 성직자들의 성윤리문제가 주요 쟁점으로 부각하였다. 동성애자를 성직자로 인정하느냐의 여부에 대해서도 교단마다 첨예한 대립을 이루고 있으며 성추행 사례들이 밝혀지면서 성직자의 도덕적 각성과 교육이 요구되고 있다.

제 10 장
아시아 기독교: 젊음의 교회

〈헨리 마틴(1781–1812)〉

〈마더 테레사(1910–1997)〉

아시아 기독교는 식민지 정책과 함께 시작되었다. 스페인과 포르투갈은 식민지를 개척하면 가톨릭 교구를 만들었다. 1534년에 로욜라가 결성한 예수회는 선교에 대한 큰 열정을 불태웠다. 사비에르는 인도와 동남아를 거쳐 일본에까지 선교활동을 하였다. 그러나 16세기의 종교개혁자는 새로운 신학과 교회를 수립하는 동안 다문화 선교에 진력할 충분한 시간이 없었다. 나아가 국가교회로 발전한 유럽의 교회는 선교에 무관심했다. 그러나 17세기에 덴마크와 스웨덴은 선교활동을 하였다. 영국의 동인도회사는 선교를 반대했다. 따라서 선교는 선교회가 조직되어 진행되었고 그 결과 여러 선교단체가 나타났다.

〈중국어 성경번역과 로버트 모리슨(Robert Morrison(1782–1834)〉

개신교의 선교는 18세기 경건주의 운동에 힘입어 시작되었다. 국가교회의 한계를 극복하려는 경건주의의 열정은 영적 부흥과 각성 운동을 자극함으로써 영국과 미국에서 선교를 활성화시켰다. 19세기에 영국의 교회는 가장 많은 선교사를 파송하였고 미국도 이에 가세하였다. 1699년에 기독교지식증진회(The Society for Promoting Christian Knowledge)를 국교회가 세웠고 1792년 침례교선교회가 윌리엄 케리의 노력으로 설립되었다. 그는 복음전파를 위해 모든 방법을 동원하고, 성경의 토착어번역, 신속한 교회의 설립, 비기독교인에 대한 연구, 토착민교역자의 양성 등을 선교방법으로 제시하였다. 1795년 런던선교회(London Missionary Society)가 초교파로 형성되었고 국교회가 교회선교회를 조직하였다.

미국에선 1810년에 미국해외선교국이 설립되었다. 의료선교사 존 스커더가 처음엔 실론에 나중에 마드라스로 파송되었다. 장로교는 1830년에 펀잡지역에서 선교활동을 시작하였다. 19세기에 인도의 대부분을 장악한 동인도회사는 목사파송을 받게 되었다. 헨리 마틴(Henry Martyn, 1781-1812)은 아랍어, 페르시아어, 산스크리트어에 능통하여 성경번역에 공헌하였다. 버마에서는 아도니럼 저드슨이 성공적인 선교활동을 하였다.

중국에서는 예수회의 적응주의에 대하여 도미니크회와 프란체스코회가 반발하였다. 18세기와 19세기에는 중국의 쇄국정책으로 선교가 불가능했지만 1839년과 1856년에 아편전쟁이 터진 후에는 영국과 프랑스가 개항된 도시에서 선교를 진행했다. 19세기초에 런던선교회 소속의 로버트 모리슨이 교육과 성경번역에 전념하였다. 영국의 감리교인 허드슨 테일러는 초교파 선교단체인 중국내지선교회를 창설하였다. 이 선교회는 신앙선교를 강조했으며 근본주의적인 복음전파에 주력하면서 서양문화를 소개하려는 선교사들과 대립하였다. 19세기

말부터 선교사에 대한 반감이 커지며 선교사의 희생이 늘어났다. 일본군과의 오랜 전쟁이 종식된 후 국민당이 대만으로 물러나갔고 공산당이 인민공화국을 설립하였다. 중국내지선교회는 철수하였고 해외선교회를 조직하여 아시아선교의 맥을 잇고 있다.

〈프란시스 사비에르〉

〈제임스 헵번〉

〈니시마 조〉

일본에서는 16세기와 17세기에 예수회가 선교활동을 하였다. 로욜라와 함께 예수회를 창설했던 프란시스 사비에르(Francis Xavier, 1506-1552)가 일본선교를 시작했지만 17세기 도쿠가와막부는 기독교를 금지했고 그리스도인들을 학살했다. 19세기초까지 네덜란드에 무역을 제한해 오다가 1854년 미국에 문호를 개방하게 되었다. 1859년 최초의 개신교선교사로 온 장로교 의료선교사 제임스 헵번(James Hepburn, 1815-1911)은 1863년 명치학원대학(Meiji Gakuin University)을 세웠고 일본어영어사전을 최초로 편찬하였다. 니시마조(Joseph Hardy Neesima, 1843-1890)는 미국으로 밀항하여 앰허스트대학(1870년)과 앤도버신학교(1974년)를 졸업한 후 일본인 최초로 목사안수를 받았다. 그는 귀국한 후에 미국 회중교회의 지원을 받아 경도에 동지사대학교를 설립하였다. 19세기말에는 독일의 자유주의적 선교와 미국의 유니테리언 선교가 뒤를 따랐다. 일본 게이오대학교도 기독교의 영향을 받아 설립되었다.

무교회주의의 창시자로 잘 알려진 우치무라 간조(1861-1930)는 미국인 클라크가 세운 삿보로농과대학에서 공부하던 중 기독교인으로 회심하여 감리교선교사에게 세례를 받았다. 그는 성직자와 평신도의 구분이 없는 평등한 신앙공동체를 꿈꾸었는데 그는 서구적 기독교를 극복하고 일본적 기독교를 마련하고자 고심했다. 그는 가시적인 교회로서 예배당보다는 신앙의 근본은 바로 성경에 있다고 보았다. 그는 미국에서 엠허스트대학을 졸업한 후 하트포드신학교에서 한 학기 신학을 공부하였지만 성직을 특권으로 생각하여 성직자가 되지는 않았다. 귀국 후 교원을 활동했지만 천황숭배를 거부하는 불경사건에 휘말렸다. 그의 한국인 제자들 가운데에는 김교신, 함석헌, 송두용, 최태용 등이 있으며 <성서조선>을 만들어 무교회주의 운동을 보급했다. 일본의 기독교 인구는 1%미만으로 세계에서 가장 세속적인 국가들 중 하나이며 교회의 70%도 30명 미만의 출석률을 보이는 미니교회들이다.

〈우치무라 간조〉

한국의 기독교는 당나라와 교류했던 경교(景敎, 네스토리우스파 기독교)에서 유래하였다는 의견이 있다. 임진왜란 때 가톨릭이었던 왜군들을 통해서 유입되었다는 주장이 있기는 하지만 지적인 관심에서 처음 기독교가 유입되기 시작했다. 북경에 갔던 이광수가 미셸 루치에리가 저술하고 마태오 리치(Matteo Ricci, 1552-1610)가 개정한 <천주실의>를 가져왔고 허균은 천주교의 12단 기도서를 들여와 문제가 되었다.

〈마태오 리치〉

한국에서는 18세기말에 가톨릭에 대한 학문적 관심으로 문서를 통해 기독교 세계관이 유입되었다. 그러나 19세기 중엽까지 순교의 역사로 점철되어 왔다. 1784년 이승훈이 중국에서 최초로 세례를 받았고 1794년 최초의 선교사 중국인 주문모가 살해당하였지만 1863년까지 2만의 신자가 생겨났다. 개신교선교는 1874년에 만주의 간도에서 시작되었으며 존 로스(John Ross, 1842-1916)와 매킨타이어(John McIntyre)의 성경번역을 돕던 한국인 매서인에 의하여 국내 전도활동이 이루어졌다. 1885년 감리교의 헨리 아펜젤러(Henry Appenzeller)와 장로교의 호레이스 언드우드(Horace Underwood) 선교사가 입국하여 교육과 의료 선교를 중심으로 사회변혁을 위한 문화선교를 추진하였다. 감리교는 1901년에 김기범과 김창식 두 사람을, 장로교는 1907년 독노회를 조직하며 길선주(1869-1935)를 비롯한 일곱 명을 목사로 세웠다.

〈한석진, 이기풍, 길선주, 송인서, 방기창, 서경조, 양전백 (1907)〉

〈서울시 정동의 배재대학교 역사박물관, 서울시기념물 제 16호〉

1885년 알렌은 왕립병원인 광혜원을, 아펜젤러는 배재학당을 세웠다. 스크랜턴 부인은 이화학당을 개교했고 1906년에 장감연합으로 평양에 숭실대학이, 1915년에 서울에 장감연합으로 연희전문학교가 세워졌다. 황해도 소래에서 1886년 서상륜이 소래교회를 시작했다.

1907년 평양에서 시작된 대부흥운동에서 길선주 장로의 설교를 통해 수천 명의 사람들이 죄를 고백하며 회개하였다. 부흥운동의 결과 성경 공부와 기도가 한국교회의 특징으로 자리를 잡았고 경건한 생활과 전도가 강화되었다. 1905년에 4만 명이었던 신자는 1907년에 12만 명으로 크게 증가했다. 이처럼 부흥운동은 신앙의 성숙과 교세 확장에 크게 기여했지만 당시 위급했던 정치와 역사의 문제에 대해서는 오히려 무관심과 방관자적 자세를 취하게 되었다.

1907년 미국에서 귀국한 안창호는 신민회를 조직하여 상실하는 국권을 회복하고 자주 독립 국가를 수립하기 위하여 노력했다. 기독교인들은 친일 인사와 일본 정치인을 암살하는 항일 무장 투쟁에도 적극

개입하였다. 독실한 가톨릭 신자 안중근은 1909년 초대통감 이토 히로부미를 만주 하얼빈 역에서 암살하였는데, 자신의 살인에 대하여 "성경에서 사람을 죽이는 것은 죄악이라고 말하고 있다. 그러나 남의 나라를 탈취하고 사람의 생명을 빼앗고자 하는 자가 있는데도 수수방관한다는 것은 죄악이므로 나는 그 죄악을 제거한 것뿐이다."고 말하였다. 일본 상품 불매운동과 납세 거부 운동으로 항일경제운동도 벌였다.

일제는 1915년 포교규칙을 제정하여 종교탄압을 본격적으로 실행하였다. 교회의 예배는 경찰의 감시를 받았고 포교자는 자격증이 있어야 했으며 종교출판물은 검열을 받았다. 개정 사립학교 규칙을 공포하여 학교에서 예배와 종교교육을 금지시켰다. 1919년 2월 8일 재일유학생들이 조선기독교청년회관에서 모여 이광수가 기초한 독립선언을 발표하였다. 3월 1일에 천도교, 불교, 기독교가 연합하여 만세운동을 전개하였다. 33인의 대표 가운데 기독교인은 무려 16명이었으며 파고다공원에서 독립선언식을 갖고 시위를 시작했다. 거의 모든 지역에서 독립선언식과 시위는 대부분 기독교인들이 주도하였다. 평화적 시위였지만 군중을 향해 일제가 무차별 사격을 함으로써 기독교는 큰 피해를 입었다.

1920-30년대 한국 기독교는 계몽주의적 사회참여 신앙의 형태로 발전하였다. 초월적 신비주의 신앙은 민중 계층 교인들이 중심이 되었다고 한다면 사회참여 신앙은 기독교 지식인들이 주도하였다. 신흥우가 총무로 활동했던 YMCA와 김활난이 이끌고 있었던 YWCA는 문맹퇴치, 농사개량, 농촌계몽운동을 펼쳤다. 일제는 한국의 민족문화를 파괴하기 위하여 일본식 퇴폐향락문화를 이식하였다. 이에 대항하여 기독교는 금주, 금연, 아편 금지와 공창 폐지 운동을 벌였다. 기독교는 고아원, 직업훈련원, 병원, 양로원, 특수학교 등을 통하여 사회복지사업을 하였다.

1930년대에 일제는 한국민족말살정책을 시행하였다. 신사참배를 강요하자 이를 거부한 숭실학교와 숭의여학교의 교장이 파면되었다. 일제는 신사참배가 국민의례이지 종교의식이 아니라 하였지만 기독교인은 신앙양심상 수용할 수 없었다. 기독교 교파 가운데 장로교가 가장 강경하게 신사참배에 반대하였지만 천주교, 감리교, 캐나다 선교부는 신사참배를 국가의식으로 수용하였다. 1938년에 열린 장로교 총회에서 경찰들의 강압적인 분위기 아래 신사참배 강요에 결국 굴복하였다. 일제의 탄압과 회유에 말려들어 시국 기도회를 개최하였다. 일제에 항거하다가 투옥되는 사람들도 있었지만 순응하여 협력하던 지도자들도 있었다. 조선총독부는 전국에 시국 순회강연을 개최하여 기독교 지도자들을 동원하였다. 그러나 안창호의 수양동우회와 이승만의 흥업구락부는 조직적인 항일 민족운동을 전재하였다. 일제의 민족말살정책에 대항하여 기독교 지식인들은 민족문화를 수호하는데 앞장섰다. 주시경은 우리의 얼과 문화가 담긴 한글 연구와 보급에 노력했다.

1945년 8월 15일 해방 후에 전국 교회는 재건되었다. 당시 한국의 기독교는 남한보다 북한에서 번성하였는데 기독교사회민주당과 기독교자유당이 해체되거나 검거되었다. 북한교회를 무력화하기 위하여 기독교도연맹을 조직하여 기독교계의 내분을 일으켜 기독교를 자멸하려 했다. 반면에 남한의 기독교에서는 이승만, 김구, 김규식 등의 건국지도자들이 미군정 아래에서 활동하였다. 1948년 여순반란사건에서 출옥성도였던 손양원목사는 두 아들을 살인한 안재선을 용서하고 양자로 삼았다. 폐교되었던 연희대학교, 세브란스의과대학, 이화여자대학교, 숭실전문학교 등이 재건되었다. 그러나 한국교회는 신사참배와 일제협력의 후유증으로 교단이 분열되었다. 한국전쟁을 겪은 후에 교회는 구제활동과 복국사업 및 사회사업에 적극 참여하였다.

1970년대 폭발적인 양적인 성장을 이룬 한국 기독교는 교회의 지나친 경쟁, 한국적 신학의 부재, 물질주의의 팽배, 예배와 신앙의 무속화 등의 문제점을 갖게 되었다. 교회가 난립되면서 무인가 신학교에서 배출되는 무자격 교역자의 양산과 신학교육의 저질화는 사회적 윤리적 문제를 야기하게 되었다. 그러나 이러한 물량화와 기업화에 대항하여 작은 교회 공동체를 통하여 농어촌과 도시의 공장가와 빈민가에서 선교하는 운동이 일어났다.

〈대통령의 종교: 감리교 이승만, 장로교 윤보선, 천주교 김대중〉

1970년대에 교회연합운동의 차원에서 개신교회와 천주교회 사이에 강단교류가 있었고 공동번역 성서를 출간하기도 하였다. 군사정권에 대하여 꾸준한 항거도 이어졌지만 정교분리와 정치적 중립을 내세워 정부의 부정의를 방관하였던 일부 보수적 교회들도 있었다. 한국의 민주화 과정에서 교회가 독재를 비판하며 인권을 보호하기도 했지만 사회문제를 간과한 채 개인구원과 개교회의 발전에만 치중한 점도 있다.

〈김수환 추기경(1922-2009)〉

2009년에 선종(善終)한 김수환 스테파노 추기경은 사회정의와 소외계층을 위한 섬김에 귀감이 되어왔다. 그는 대구출신으로 마산교구장과 서울대교구장을 거쳐 1968년 한국인 최초로 추기경으로 서임되었다. 천주교공동체를 넘어 사회전반에서 진행되어 온 민주화운동을 지지하였고 도시빈민, 탈북주민, 외국인 노동자, 성매매여성 등을 위한 사목에 전념했다.

21세기 한국 기독교는 대형교회와 국외선교에 커다란 열정을 보이고 있다. 정부의 고위관료를 비롯한 사회지도층에 기독교인들의 활동이 두드러진다. 그러나 가톨릭의 꾸준한 성장세와는 달리 개신교는 줄어들고 있으며, 교인의 연령층도 점차 고령화되어가고 있다. 신학생의 과다배출도 문제가 되고 있으며 한국적 신학의 모색이 그 어느 때보다 절실히 요구되고 있다.

〈온누리교회 서빙고성전〉

〈하용조 목사〉

한국의 대형교회가 강조해 온 선교운동은 온누리교회의 하용조(1946-2011)목사가 추진해 왔던 'Acts29'운동에서 잘 드러난다. 사도행전 28장 이후에 온누리에 복음을 전하는 새로운 역사를 쓴다는 의도에서 선교활동을 해 왔다. 제자훈련을 강조해 온 사랑의 교회 옥한흠(1938-2010)목사, 남서울은혜교회의 홍정길목사, 연예인교회의 이동원목사와 함께 한국 복음주의를 대표하는 리더로 간주되어 왔으며, 일본선교와 러브소나타, 제자운동과 성령운동 등의 사역을 진행해 왔다. 온누리교회에는 서빙고성전과 양재성전이 있으며 한국독립교회의 병설신학교인 횃불트리니티신학대학원을 운영하고 있다. 한편 서울 성북동에 위치한 덕수교회의 손인웅목사(2012년 은퇴)는 1998년에 한국기독교목회자협의회를 설립하여 대표회장으로서 교회의 일치와 갱신 그리고 섬김을 위하여 노력했다. 그는 보수를 대표하는 한국기독교총연합회(CCK)와 진보를 대표하는 한국기독교교회협의회(KNCC)를 아우르면서 한국 기독교의 일치운동과 종교간 대화운동에 크게 기여해 왔다.

〈손인웅 목사〉

제 11 장
오순절 기독교: 성령의 교회

〈오순절 교회의 집회장면: 땅에 쓰러진 사람과 기도하는 사람들〉

20세기 기독교의 독특한 현상은 바로 오순절운동(Pentecostal Movement)에 기초한 새로운 형태의 기독교가 출현한 것이다. 20세기 초반에 등장하여 중반에 이르러 거의 모든 지역의 교회로 확산되었다. 그러나 오순절운동의 기원은 기독교역사 속에 등장해 왔던 여러 가지의 흐름들이 창조적으로 합류되면서 가능했다고 볼 수 있다. 신적 치유와 방언을 강조하는 카리스마적 움직임들이 19세기부터 준비되고 있었다. 감리교회에서는 은총에 의한 갱신과 성령에 의한 성화된 삶을 강조하는 성결운동(holiness movement)으로 전개되었다.

〈찰스 파함〉

1901년 감리교회의 조직에 불만이 있었던 찰스 파함(Charles Fox Parham, 1873-1929)이 안수를 한 아그네스 오즈먼이 방언을 하면서 방언이 성령세례의 유일한 증거라는 신앙이 주변으로 퍼져나갔다. 파함이 설립한 벧엘성경학교를 졸업한 흑인목사 윌리엄 세이모어(Willaim J. Seymour, 1870-1922)가 로스앤젤레스 아주사(Azusa)거리에 감리교회를 빌려 집회를 하면서 조직적인 오순절운동이 추진되었다. 이후 시카고와 미국 동남부 지역으로 영향을 미쳤다. 오순절운동은 미국사회의 백인 중상류층 사람들보다는 소외된 아프리카와 라틴 아메리카의 사람들에게 호소력이 있었다. 단순한 교리와 감정적인 예배는 성령의 세례를 받은 자들이 울고 춤을 추고 노래하며 방언과 통역을 하는 황홀경을 가능케 하였다.

〈세이모어〉

20세기초에 복음주의적 근본주의와 합리주의적 자유주의 신학이 대립하는 가운데 기독교 대중의 무관심과 회의가 심화되었다. 오순절 운동은 성령의 가시적인 역사와 은사를 보여줌으로써 17세기 후반의 합리주의, 정통주의, 경건주의 사조를 반복하는 듯이 보였다. 웨슬리의 신학에 영향을 받아 제2의 축복을 강조하며 오순절 성령강림사건의 재현하려는 흐름에 대하여 복음적이며 보수적인 개혁주의 신학자들은 비판을 가했다. 그러나 가톨릭과 개신교에 오순절 운동은 새로운 지평을 열어주었다. 전통적인 신앙에 따라 경건한 자세로 예배하는 기존의 형태에서 벗어나 열광적으로 몸을 흔

들며 예배하는 성령과 신유의 은사를 강조한다. 오순절 운동이 성장하면서 중류층의 백인들도 오순절 교회에 합류하였다.

그러나 신유의 은사를 강조하던 초기 현상이 번영과 물질적인 축복을 지향하는 방향으로 선회하면서 중생과 성화를 강조하던 경건주의와 복음주의의 부흥운동과는 큰 차이를 보이기 시작했다. 한국에서도 1960년대 이후에 신유와 번영의 메시지는 빈자와 약자에게 소망을 주며 사회를 변혁시키는 힘을 제공했지만 기복신앙에 빠지는 병폐를 만들기도 했다.

이제 그리스도인의 인구는 북반구에서 남반구로 이동하고 있다. 이는 교조주의적 기독교는 쇠퇴하고 성령을 강조하는 기독교가 성장하고 있음을 의미한다. 그러나 성장하는 기독교는 오순절 기독교이지 근본주의 기독교가 아니다. 계몽신학자와 자유주의 신학자가 감행한 성경에 대한 비판적 연구에 반발하며 보수적인 교회 지도자들과 신학자들이 중심이 되어 성경이 하나님의 영감에 의하여 쓰인 점을 강조하는 근본주의 운동을 일으켰다. 19세기 현대주의 운동에 대항하여 프린스턴 신학과 세대주의 신학이 결합하여 보수적인 복음주의 운동을 전개하였다. 벤자민 워필드와 무디는 성경원문의 문자적 영감과 무오성을 주장하며 임박한 재림과 회개 및 선교를 역설하였다.

1909년부터 1915년까지 근본주의자들은 <근본적인 것들>(Fundamentals)이라는 12권의 저서를 출판하였다. 성경의 무오성, 그리스도의 동정녀탄생, 예수 그리스도의 대속적 죽음과 육체적 부활 및 그리스도의 이적 등을 근본교리로 가르쳤다. 그러나 자유주의자들과의 논쟁은 근본주의자들 가운데 분파적 논쟁으로도 이어졌고 결국 반문화적이며 반지성적인 이미지가 근본주의자들에게 투영되었다. 이들은 사회문제는 외면한 채 복음전파에만 전념하려 하였다.

20세기의 부흥사 빌리 그래함은 1950년부터 세계 도처에서 대형 전도집회를 개최하였다. 그는 성경의 권위에 의지하여 그리스도를 전하며 죄의 회개와 도덕성의 회복을 설교함으로써 사회참여와 정치참여에 관심을 두는 세계교회협의회의 에큐메니칼 신학과는 거리를 두었다. 그러나 1974년에 로잔 대회를 계기로 복음주의자들도 사회문제를 돌아보며 복음전파와 사회참여의 균형을 잡았다. 영국에서는 국교회에 속하는 에반젤리칼 그룹과 케직 사경회(Keswick Convention)에 참여하는 감리교, 침례교 등의 비국교회 신자들이 복음주의자들로 분류될 수 있다.

그렇다면 왜 오순절 기독교와 근본주의 기독교를 우리는 혼동하는 것일까. 오순절 기독교는 아프리카 사하라 사막 이남지역과 아시아의 거의 모든 공동체에 나타나고 있다. 서울 여의도에 위치한 순복음교회는 신도 80만을 자랑하고 있는 오순절파 교회이다. 미국에서도 라틴 아메리카 이민자들은 가톨릭교회를 떠나 오순절 교회로 이동하

〈케직 사경회〉

고 있다. 20세기 초에 기성 기독교에 대항하여 오순절 기독교와 근본주의 기독교가 등장했지만, 오순절은 성령의 직접적인 체험을 강조하고 근본주의는 성서를 유일한 권위의 원천으로 간주하며 문자주의의 경향을 띤다. 오순절 신도들은 감정을 강하게 나타내며 황홀경에 예배와 찬양을 드린다. 근본주의자들은 교리적 검증을 강조하지만 오순절파는 사람이 만든 신조와 생명력 없는 의례를 배격한다. 이 점에서 근본주의자는 오순절파를 비판해 왔다. 복음주의자 역시 오순절의 신학을 비판했다. 감성을 중시하며 성령이 언제나 성경을 통하여 검증되지 않고 꿈과 환상 및 황홀경 가운데 임한다는 입장을 수용할 수 없었다. 남반부의 오순절 운동은 윤리와 사회봉사에도 관심을 기울이며 진화하고 있다.

하버드대학의 하비 콕스(Harvey Cox, Jr. 1929-)교수는 오순절 사상

〈하버드대학교 하비 콕스 교수의 퇴임식〉

이 해방신학과 융합될 가능성에 주목한다. 그는 펜실베니아대학교를

졸업한 후에 예일대학교와 하버드대학교에서 각각 석사와 박사를 마쳤다. 1965년에 출간된 <세속도시>(Secular City)에서 도시화에 따른 세속화 현상에 주목했지만 2001년 <하늘로부터의 불>(Fire from Heaven)과 2009년 <신앙의 미래>(Future of Faith)에서는 새로운 종교의 부흥현상에 주목하였다.

브라질의 사례를 들어, 오순절 신도들이 농민연맹을 조직하는데 큰 성과를 거두었고 민주주의를 위한 조직망을 형성하는데 기여하였다는 점을 지적한다. 남미의 오순절 신도들은 정치와 긴밀한 관계를 맺으며 정치적 성향도 좌편향에 위치해 있다고 설명한다. 사회이동이 순조롭지 않은 남미 사회에서 오순절 기독교는 사회이동과 민주주의 정신을 촉진하고 있다는 것이다. 그들은 민주화를 조장하며 '사회신학'을 구체적으로 행하고 있다. 오순절 신도는 공개적으로 거리와 시장에서 설교를 한다. 그들은 명단을 작성해서 문을 두드리고 확성기를 통해 음악과 메시지를 대중에게 전하고 있다. 그들은 말 그대로 '대중신학'을 진행하고 있는 것이다.

〈순복음교회의 예배 광경〉

가톨릭이 대부분인 사회에서 오순절 신자가 된다는 것은 커다란 용기가 필요한 결정이므로 그들은 두려움보다 자신이 스스로 결정했다는 일종의 자존감을 갖게 된다. 나아가 오순절 목사들은 타락한 세상에 등을 돌리라고 하기보다는 세상에 사는 방식과 변화시키는 방식을 가르친다. 그러나 한 편으로 오순절 기독교는 내적인 체험과 은사를 강조하고 공동체 내에 성령의 활동을 제한하려는 경향이 있기 때문에 민주주의에 걸림돌로 작용할 수도 있다. 특히 목사는 전제적인 성향을 띠게 되었고 목사직의 세습이 이루어지면서 내적 순환이 어렵게 되었다. 이러한 이유 때문에 권위주의적인 국가체제는 오순절 기독교의 공동체화를 두려워한다.

그러나 더 커다란 위협은 대중매체와 소비문화가 교회에 끼치는 영향이다. 대형마트의 문화는 구원과 건강 및 부를 갈망하는 세속적 욕망을 요구하고 충족시키는 기독교를 만들었다. 빈부의 격차가 날로 커지는 상황에서 오순절 신자는 건강한 중산층이 되어 사회모순을 목격하며 살아가고 있다. 더러는 숙명론에 빠져 게토화되었지만 다수는 사회구조를 변혁하는데 관심을 갖게 되었다. 한국사회에서도 오순절 기독교의 문화는 장로교, 감리교, 침례교 등 다른 교파에도 큰 영향을 끼치고 있다. 기독교 대중음악과 방송은 번영신학을 강화하고 널리 전파해 왔다. 21세기에 오순절 기독교는 새롭게 거듭나야 할 기로에 서 있다.

〈조용기 목사〉

한국의 오순절 교회를 대표하는 순복음교회는 조용기(1936-)목사의 리더십에 의하여 세계에서 가장 큰 교회로 성장할 수 있었다. 그는 경남 울주 출신으로 부산에서 중고등학교를 다니며 미군에게 영어를 배워 통역을 하였다. 상경하여 순복음신학교에서 신학을 공부하는 동안 최자실(1915-1989)목사를 만났다.

조용기목사는 한국전쟁의 폐허 속에서 가난하고 병든 자들에게 “영혼이 잘됨같이 범사에 잘되며 강건케 되는 삼중축복”의 메시지를 전하여 큰 호응을 얻게 되었다. 1973년에

1만 명을 수용할 수 있는 여의도교회를 설립한 이후 현재 70만 이상의 성도들이 출석하는 것으로 알려져 있다.

한국 오순절 교회의 특징으로는 성경, 하나님, 성령 중심으로 복음적이며 초대교회적 성격을 지향한다. 여의도순복음교회의 경우, 7대 신앙적 기초로서 (1) 갈보리 십자가의 신앙, (2) 오순절 다락방의 신앙, (3) 땅끝까지 전하는 신앙, (4) 좋으신 하나님, (5) 병을 짊어지신 예수 그리스도, (6) 다시 오실 예수 그리스도, (7) 나누어주는 신앙 등을 제시하고 있다. 그리고 순복음(Full Gospel)신앙은 다음과 같이 오중복음과 삼중구원으로 요약된다.

오중복음은 (1) 중생의 복음, (2) 성령 충만의 복음, (3) 신유(神癒)의 복음, (4) 축복의 복음, (5) 천국과 재림의 복음 등에 관한 것이며, 삼중구원은 (1) 영혼이 잘 되는 축복, (2) 범사에 잘 되는 축복, (3) 강건하게 되는 축복 등을 의미한다. 오순절 신학과 신앙은 한국의 근현대사에 정치적 혼란과 경제적 빈곤을 극복하는 과정에서 등장한 일종의 토착화신학으로 볼 수 있다.

제 12 장
호주 기독교: 죄인의 교회

〈호주의 원주민들〉

호주에 백인들이 정착하기 전에 본토의 "아보리진"(Aborigines)[9]과 북서부 토레스해협의 섬사람 등의 원주민들이 살고 있었다. 지금은 전체 인구의 3퍼센트도 안되지만 이들은 유럽 백인들이 호주로 식민지를 확장하기 이전에 다양하며 독특한 문화를 이루고 있었다. 토레스해협 사람들은 파푸아 뉴기니와 호주 북부 퀸즈랜드 사이에서 농경문화를 일구었고, 아보리진의 기원은 4만 년 전까지 (혹자는 7만 년 전까지) 역사를 거슬러 올라간다. 아보리진은 주로 유목생활을 하며 사냥하고 채집을 했다. 그러나 18세기와 19세기의 기독교화가 진행되면서 이들의 삶은 완전히 바뀌었다. 삶의 터전을 잃게 되었고

9) 호주 원주민은 "Australian Aborigine", "Aboriginal Australian," "indigenous Australian" 등으로 불린다.

결국 멸종의 위험에 노출되었다.

아메리카 대륙의 발견에서도 예외는 아니지만 서양의 시각에선 '신대륙의 발견'이라는 말을 자주 쓰는데, 이는 매우 서구 중심적인 편견이다. 거의 모든 대륙에 사람들이 살고 있었고 호주도 예외는 아니기 때문이다. 호주는 세계에서 가장 큰 섬이며 동시에 세계에서 가장 작은 대륙이다. 인구는 2천 2백만 명이니 한국의 절반에도 못 미친다. 호주 기독교의 역사는 유럽의 죄수를 멀리 남반부 미지의 식민지로 이전한다는 생각에서 시작되었다. 따라서 초기 정착민은 잉글랜드계 성공회와 아일랜드계 가톨릭이 대부분이었다. 그러나 문제는 이러한 범죄자에 대한 교도(矯導)적 시각에서 종교 활동을 강요했기 때문에 강압적이며 지배적인 기독교의 이미지가 정착초기부터 각인되었다는 점이다.

1770년에 제임스 쿡이 호주가 영국의 새로운 땅임을 강조하기 위하여 호주의 동부를 "새로운 남부웨일즈"(New South Wales)라고 불렀다. 1788년에 시드니를 중심으로 영국의 식민지화가 진행되면서 이들과 함께 홍역, 천연두, 감기, 파상풍, 성병 등의 질병이 유입되었고, 땅과 수자원에 대한 정복이 감행되면서 토착민이 급격히 줄어들었다. 초기 정착민들은 유목민이었던 원주민들이 경작지에 대한 인식이 없으므로 다른 곳으로 이주해도 얼마든지 잘 살 수 있을 것이라 믿었다. 그러나 이러한 오해에서 시작된 강요된 이주는 원주민들에게 문화적 유산뿐만 아니라 영적인 복지까지 앗아갔다.

1788년부터 1900년 사이에 90퍼센트의 원주민이 사라졌다. 예를 들어, 말라워부족의 경우에는 15000명이 사망했다고 전해진다. 백인의 개척은 사람이 살 수 없는 곳까지 원주민을 밀어냈고 일부 원주민은 백인농장의 소작민이나 황금광산의 인부로 전락하여 노동력을 착취당했다. 그러나 많은 지역에서 기독교 선교사들은 학교와 고아원을 설립했고 토착민들에게 음식과 물을 나누어 주었다. 20세기에 아보리진은 '가장 미개한 인종'으로 취급되었으며 1984년에 정착촌으로 이주한 핀투피부족이 문명과 단절되었던 마지막 아보리진으로 알려지고 있다. 원주민은 1960년대에 들어서야 투표권이 주어졌으며 2008년에 케빈 러드총리가 공식적으로 원주민에게 사과문을 발표했다. 기독교는 토착민의 문화를 파괴하는 데에도 기여했지만 역설적이게도 그 문화를 유지하는 데에도 기여하였다.

〈알렌 워커〉

알렌 워커(Alan Walker, 1911-2003)목사는 호주를 대표하는 신학자이며 복음전도자이다. 세계교회협의회(WCC)가 형성되는 데 기여했을 뿐만 아니라 시드니에 있는 도시선교를 선도하는 감리교단체인 웨슬리미션(Wesley Mission)의 오랜 리더였다. 그는 1963년에 생명전화(lifeline)를 만들어 자살방지, 위기대처, 정신건강을 위한 상담을 시작하였다.[10] 지금은 한국을 비롯하여 전 세계에 비슷한 24시간 전화상담을 위한 단체들이 마련되었다. 그는 통가, 피지, 사모아, 솔로몬 군도 등 태평양의 섬들에서 사역하고 있는 제대로 교육받지 못한 목사들과 평신도 지도자들을 위한 신학교육 프로그램을 태평양대학(Pacific College of Evangelism, 현 알렌워커대학)을 세워 1995년까지 교장으로 지냈다. 세계감리교협의회의 복음화 위원장을 지내는 동안(1978-1988)에도 전 세계를 아내와 함께 여행하며 열정적인 강연을 하였다.

10) 우리나라에도 1976년 서울생명의 전화가 개통되었다.

21세기에 들어 호주의 교회는 과거 원주민들의 문화를 무시했던 점과 그들의 영토와 노동력에 대한 착취를 방관했던 점을 공식적으로 사과하였다. 호주의 장로교회와 루터교회는 원주민을 개종하려고 시도했다. 당시 선교사들은 인류학적 관점에서 원주민들의 삶과 문화를 연구했고 언어를 이해하는데 큰 도움을 주었지만 문화를 반대하는 입장과 수용하는 입장이 기독교 선교사들 가운데 공존하였다. 현재 호주연합교회(The Uniting Church of Australia)[11]는 호주의 원주민(first nation)의 영적, 사회적, 경제적 적응을 돕고 있다.

〈알렌 워커 복음화 대학〉

초기에는 영국성공회와 천주교가 주류를 이루었지만 19세기에 루터교회, 감리교회, 장로교회, 침례교회, 회중교회 등이 유입되며 독립된 교단으로 발전하였다. 뉴사우스웨일즈에서는 1836년에 성공회가 국교의 지위를 잃으면서 다른 개신교 교회들도 평등한 대우를 받게 되었다. 1901년에 영국으로부터 독립된 후 호주헌법이 마련되어서 종교의 자유를 보장하게 되었지만 1911년의 인구조사에 따르면 96퍼센트의 호주인이 기독교인이라고 대답했다. 2차 세계대전 후에는 정교회신자들이 증가했고 이탈리아계 천주교인들과 유대인들도 이민공동체에 합류했다. 1970년대 이후로는 동남아지역의 불자와 중동지역의 무슬림이 호주에 정착했다. 2006년 통계에 따르면 64퍼센트의 기독교인이 있으며 그 가운데, 성공회가 19퍼센트, 천주교가 26퍼센트, 기타 기독교 교파가 19퍼센트에 이르고 있다.

---

11) 1977년에 호주의 감리교회, 장로교회, 회중교회가 연합하여 만든 교단으로서 호주에서 천주교회와 성공회에 이어 세 번째로 큰 기독교 교파이다.

〈호주 시드니의 성 마리아 대성당〉

호주의 기독교는 사회적 문제를 해결하는 데 큰 기여를 하며 성장하였다. 개신교와 천주교 모두 빈자와 어린이를 위한 학교와 병원을 운영해 왔고 노인복지와 직업알선 및 교육에도 힘써왔다. 구세군을 비롯하여 호주연합교회의 노인목회와 하나님의 성회 교단에 속해 있는 힐송교회(Hillsong Church)의 도시돌봄(City Care) 프로그램 등이 유명하다. 2008년 천주교 세계청년대회(World Youth Day)가 열린 시드니의 성마리아성당은 베네딕토 16세(요제프 라칭거)가 방문하기도 했다. 호주에서 연기를 배우고 방송에 데뷔를 한 영화감독이며 배우인 멜 깁슨(Mel Gibson)도 호주에서 자란 독실한 천주교인이다.

〈호주의 무신론협의회가 개최하는 연례 대회 포스터〉

〈 "신은 아마도 존재하지 않는다." 는 문구 앞에 선 도킨스〉

호주의 기독교도 유럽과 북미가 경험하는 것처럼 세속화와 재성화의 과정을 동시에 경험하고 있다. 최근에 가장 급성장하는 종교는 19퍼센트에 이르는 '무종교'(no religion) 인구이다. 이들 가운데에는 무신론자와 불가지론자를 비롯하여 인간주의자와 합리주의자가 포함되어 있다. 호주 무신론자 협의회는 2010년에 이어 2012년 멜버른 대회를 개최하는데 <만들어진 신(The God Delusion)>의 리차드 도킨스(Richard Dawkins), <주문 깨기>의 다니엘 데넷(Daniel Dennett), <신앙의 종말(The End of Faith)>의 샘 헤리스(Sam Harris), <신은 위대하지 않다>의 크리스토퍼 허친스(Christopher Hitchens) 등이 연사로 초대되었다.

시드니 근교의 파라마타(Parramatta)의 경우 최근 아시아 공동체가 성장하면서 불교사원(IBAA Buddhist Centre)과 힌두교사원(Sydney Murugan Temple)이 들어섰다. 인근의 뱅크스타운에는 시크교사원과 이슬람성원도 들어섰다. 1978년에 백호주의(White Australia Policy)가 폐지되면서 백인 중심 사회에서 다문화 사회로 전환되는 계기가 마련되었고 21세기를 맞아 다문화 신학과 상황신학(contextual theology)에 대한 관심이 크다. 그리고 2011년 퀸즈랜드주와 빅토리아주의 대홍수와 뉴질랜드 크라이스트처치의 지진은 호주 기독교인들에게 고통 가운데 하나님의 사랑을 어떻게 확신할 수 있는 것인가를 묻게 되는 일종의 신정론(theodicy)에 기초한 고통의 신학과 환경의 신학에 대한 필요성을 일깨워주었다.

호주에서 가장 규모가 큰 교회인 힐송교회는 음악사역으로 유명한데 오순절교단에 속한 초대형교회(mega church)로서 뉴질랜드에서 시드니로 1978년에 이주해 온 휴스턴 부부(Brian & Bobbie Houston)에 의하여 세워졌으며 네 지역의 캠퍼스로 나누어져 운영되고 있다. 힐송대학을 통하여 방송선교와 음악선교를 위한 미래의 지도자들을 양성하고 있다.

〈힐송교회에서 교인들이 손을 들고 예배하는 모습〉

〈브라이언과 보비 휴스턴〉

현재 담임목사 브라이언 휴스턴(1954-)은 구세군이었다가 침례교 목사가 된 부친 프랭크 휴스턴(Frank Houston, 1922-2004)의 슬하에서 자랐고 뉴질랜드의 성경대학에서 신학을 공부한 후 보비(1957-)와 결혼하고 호주로 이주하였다. 부친의 교회에서 부목사로 일하다가 힐송교회를 개척하였는데, 2000년 부친이 과거 남성성도와의 성추문 사건이 밝혀져 사임하게 되자 힐송교회의 지부로 흡수하였다. 힐송교회는 1983년에 45명의 회중으로 시작했지만 지금은 매주 2만 명 이상이 모인다.

제 13 장
북구 기독교: 비어가는 교회

〈헬싱키 국교회 대성당〉

덴마크, 스웨덴, 핀란드, 노르웨이, 아이슬란드 등으로 구성되는 북구유럽의 기독교는 21세기에 접어들면서 급격히 줄어들고 있다. 심각한 세속화(secularization)의 물결 속에 종교지형에서 전통적으로 절대적 우위를 점유하고 있던 기독교가 절대절명의 위기를 맞아 휘청대고 있는 상황이다. 북구유럽에서 개신교 교파들 가운데 특히 루터교가 정부의 지지를 받으며 국교로서 최근까지 그 지위를 누렸다.

교회 예배를 정기적으로 출석하는 신자의 수는 미미하더라도 교회를 나가지 않는 기독교인들(unchurched Christians)이 상당히 많다. 따라서 국교의 구성원으로 머물러 있으면서도 교회의 영적 권위나 제도화된 교리를 믿으려고 하지는 않는 경향이 강하다. 이러한 흐름에 대하여 학자들의 의견도 엇갈리고 있다. 급격한 세속화를 도덕적 타락이나 종교적 열정의 감소로 설명하려는 학자가 있는가하면 반대로 제도화된 종교로 간주되어 왔던 기독교의 억압으로부터 해방되는 자유의 기회로 간주하며 오히려 보다 근본적인 종교성을 회복하는 계기가 될 것이라는 긍정적 평가를 내리는 경우도 있다.

전통적으로 당연하게 간주되던 기독교의 핵심적인 교리(dogma)에 대해서도 포괄적이며 상징적인 해석이 가해지고 있다. 예를 들어 예수는 하나님의 아들인가를 되묻고 기독교가 구원에 이르는 유일한 길인가에 대한 의문을 제기하기도 한다. 오히려 모든 종교들이 진리의 일부를 어느 정도 함유하고 있다고 믿으며 교회의 가르침을 거부하는 대신에 스스로 신념을 만들어 따르기도 한다. 오랫동안 전승되던 교리를 믿고 따르던 기존의 패턴에서 벗어난 자신의 선택을 강조하는 횡보를 보이고 있는 것이다.

기존의 종교들, 특히 기독교가 세력을 잃으면서 북구유럽인들의 영성을 채우는 기능을 새로운 종교운동들이 대신하고 있다. 이러한 운동들은 인간중심적이며 교리적으로는 절충적이고 윤리적으로는 의타적인 모습을 취한다. 새로운 종교에서는 신이 자신에게서만 발견되는 것이 아니라 동료들에게서도 발견된다는 주장을 편다. 이러한 변화는 왜 일어난 것일까? 2차 세계대전을 마감한 후에 어린이들에 대한 교육방식의 변화에서도 그 실마리를 찾을 수 있다. 비판적 사고를 강조하고 수준별 교육의 선택이 권위주의적인 종교교육에 대하여 회의적 태도를 갖게 했을지도 모른다.

스웨덴은 11세기에 북구의 토착종교로부터 기독교화되었다. 16세기부터는 루터교회가 국교로서 2000년까지 기능하였다. 1970년에는

95%가 국교회소속이었지만 2000년에는 83%로 나타났고 2012년에는 67.5%로 급격히 줄어들었다. 스웨덴 국민들 가운데 18%만이 신을 믿는다고 명시적인 태도를 보이고 17%만이 종교가 중요하다고 인식하고 있다. 전체 인구의 4%만이 교회 예배에 참석하고 2%만이 정기적으로 참석한다. 이러한 상황을 반영이라도 하듯, 스웨덴에는 이러한 말이 있을 정도다. 스웨덴 사람은 일생에 교회를 세 번 간다고 한다. 첫 번째는 태어난 후 교회를 가고, 두 번째는 결혼할 때 가며, 마지막 세 번째는 죽어서 장례식을 치루기 위해 간다는 것이다.

〈영화 '토르'(2011)〉

스웨덴의 토착종교들은 무엇이었을까? 신들의 아버지 오딘(Odin)은 전쟁, 승리, 죽음, 지혜, 시가의 신이었다. '수요일'(Wednesday)은 오딘을 의미하는 고대영어 '오덴'(Woden)에서 유래하였다. 오딘에게는 천둥의 신 토르(Thor)를 비롯하여 아들들이 있었는데, 토르는 망치를 휘두르며 인간을 보호하는 번개, 폭풍, 참나무, 힘, 치유, 번영의 신으로서 '목요일'(Thursday)이 그에 이름에서 유래하였다. 기독교가 유입되면서 토착종교의 세계관은 희석되었지만 여전히 서사시와 민간신앙 및 신종교에 남아있다. 2011년에 개봉된 영화 '토르'는 신의 세계 '아스가르트'에서 왕위 계승권을 두고 펼쳐지는 토르와 로키의 갈등을 다루고 있다.

안스가르(Ansgar, 801-865)는 북구유럽에 기독교를 최초로 전파한 수도사다. 829년에 비르카를 방문하여 교회를 세웠다. 북부 독일로 돌아와 함부르크와 브레멘의 대주교가 되어 북구유럽에 본격적으로 선교활동을 펼쳤다. 그러나 그의 선교활동은 대부분 실패로 끝이 났다. 11세기에 접어들면서 올로프(Olof, 996-1022)를 비롯한 기독교 왕들이 등장하였고 12세기 중엽이 되어서는 국가교회로 성장하였고 핀란드를 침공하여 영토를 확장하면서 기독교를 전파하였다. 16세기 종교개혁의 영향력 아래 들어가지 전까지는 로마 가톨릭교회가 강성하였다.

〈안스가르〉

16세기에 덴마크의 왕을 지지하던 구스타프 트롤레(Gustav Trolle) 대주교를 사임시키려는 구스타프 바사(Gustav Vasa)왕의 제안을 로마의 교황이 거절하자, 스웨덴은 루터교회로 전환되는 역사적 계기를 맡게 되었다. 정치적 이유로 가톨릭교회와 분리되었기 때문에 교리적인 변화가 거의 없었지만 이후 루터교회의 성격을 가지게 되었다. 17세기에 칼빈주의 교회와 모라비안 교회 그리고 러시아 정교회가 신앙활동을 자유를 얻었다. 그러나 1860년까지 루터교회는 스웨덴에서 절대적 지위를 누렸고 1951년이 되어서야 이유 없이 교회를 떠나는 일이 합법적으로 인정되었다. 그리고 1977년까지 국왕의 허가 없이 어떤 종교공동체도 만들어질 수 없었다.

결론:
세계 기독교가 우리에게 주는 지혜

〈피지의 전통 종교의 신전, 뷰어 칼로우(Bure Kalou)〉

남태평양의 피지섬에는 기독교가 유입되기 전에 정령숭배와 주술을 토대로 한 전통종교가 있었다. 마을마다 '뷰어 칼로우'라는 돌로 만든 초석 위에 나무로 지은 사원을 만들고 '베테'(bete)라는 사제가 관리를 하였다. 원래 정령들의 힘을 뜻하던 '마나'(mana)라는 원주민의 용어도 피지어로 성경을 번역하면서 기적을 표현하는 용어로 사용되었다. 통가를 통하여 들어온 감리교가 주요 부족장의 회심을 계기로 67%를 점유하였고 이어 13%의 천주교가 포함하여 기독교 인구가 99%에 이르고 있다. 이처럼 세계 기독교의 확산 과정에서 창조적 혼합현상이 자주 발견된다.

우리는 지금까지 <세계 기독교의 이해>에서 지역(locality)별로는 ① 아프리카 기독교, ⑥ 켈트 기독교, ⑩ 아시아 기독교, ⑬ 북구 기독교를 살펴보았고, 국가(nation)별로는 ② 이집트 기독교, ④ 레바논 기독교, ⑨ 미국 기독교, ⑫ 호주 기독교를 개괄했으며, 전통(tradition)별로는 ③ 동방 기독교, ⑤ 로마 가톨릭 교회, ⑦ 장로교, ⑧ 감리교, ⑪ 오순절 기독교 등을 알아보았다. 앞으로 보다 다양한 지역과 국가 그리고 전통의 세계 기독교를 보완하고 추가하는 방향으로 이 저서를 수정하고 보완할 것이다.

자크 엘룰(Jacque Ellul, 1912-1994)은 기독교 사회와 교회가 성경의 본문 내용과는 너무나 다르게 발달해 왔다는데 큰 모순이 있다고 지적하였다. "기독교 문명과 문화는 왜 율법과 선지자와 예수와 바울의 생각과는 '완전히' 반대로 형성되었는가." 그러나 필자는 이러한 그의 물음에 대하여 엘룰과는 다른 생각을 가지고 있다. 기독교의 실천은 탈선, 모순, 왜곡을 넘어서 언제나 종교적 이상의 창조적 현실화의 과정을 겪어 왔다는 것이다. 이를 흔히 문화화, 상황화, 토착화, 최근에는 공공화라는 용어로 표현한다.

기독교의 교리를 철학의 차원에서 이상적이라고 칭송하고 그 적용의 괴리를 공동체의 입장이 아닌 외부자로서 멀리서 판단하기보다는 예수의 가르침이 어떻게 현실 세계 안에 구현되었는지에 대하여 그 실천여부를 사례별로 탐색하고 평가하는 것이 마땅할 것이다.

우리는 이 저서에서 지역별, 국가별, 전통별 특징을 간략하게 살펴봄으로써 기독교가 그렇게 단순하고 추상적인 종교가 아님을 알게 되었다. 물론 예수의 가르침, 특히 예수 그리스도의 십자가와 부활을 진정한 믿음으로 고백하고 일상에서 실천하는 기독교인의 삶의 자리와 그 기독교를 세계종교의 하나로서 객관적으로 이해하고 공감적으로 설명하는 종교학자의 자리는 다르다. 우리는 신자로서와 삶과 학자로서의 삶을 혼돈해서는 안 될 것이지만 이 양자를 분리해서도 안 될 것이다.

한 가지 분명히 해 두어야 할 것은 독자가 기독교를 이해하기 위해서 반드시 기독교인이 될 필요는 없다는 사실이다. 그러나 기독교의 구원과 세계관에 그 일원으로서 참여한다는 것은 단순히 사색과 비판에 머무는 작업으로는 충분하지 못하다. 그리스도인들은 크리스천으로서 삶을 일상생활에 구현함으로써 하나님의 은혜를 받았으며 하나님의 공동체의 일원임을 확증하며 살아간다. 그렇다고 해서 계시의 말씀을 실천이라는 테두리 안에만 국한시켜서도 안 될 것이다. 왜냐하면 기독교에서 말하는 계시는 특정한 시간과 공간에 제한된 삶을 초월하여 그 삶을 이끄는 지남차와 같기 때문이다.

〈통가의 누쿠알로파에 있는 자유교회〉

우리는 다양한 문화와 언어 그리고 지역과 국가에서 나타난 기독교들이 어떠한 유사성과 지속성을 갖고 있는지를 대략 가늠할 수 있다. 그러나 이 과정에서 특정한 사례를 들어 기독교 전체를 일반화하거나 다른 문화에서 형성된 기독교의 양식들을 특정 전통의 관점에서 비판하는 일은 삼가 해야 할 것이다. 그리고 기독교인도 비기독교인 혹은 반기독교인의 공격과 비판에 대해서도 어느 정도 의연하게 대처할 필요가 있다. 왜냐하면 그들의 비평은 기독교의 실천과 계시 사이의 간극을 잘 지적해 줌으로써 오히려 기독교가 미래에 건전한 개선과 지속적인 변화의 기회를 갖도록 도와주기 때문이다.

전통적으로 기독교 문화가 지배해 왔던 유럽과 북미에서 그 영향력은 급속도로 줄어들고 있는 것은 사실이지만, 북반구와는 달리 남반구의 기독교는 급성장하고 있다. 그들은 그들 나름대로 문화의 독특성을 활용하여 기독교인의 삶을 살고 있다. 70억의 세계인구(2013년 기준) 가운데 85퍼센트가 여전히 종교인이고 그 가운데 무려 22억에 이르는 인구가 기독교인이라는 사실은 매우 놀라운 일이다. 이 점에서 대한민국은 세계에서 '가장 세속적인 국가'라고 볼 수도 있다. 물론 다양한 반론이 가능하겠지만 적어도 기독교 세계관이 아직까지 한국사회에서는 지배적인 사회이념으로서 작용하고 있는 것 같지 않다. 오히려 급격한 세속화를 경험하고 있는 북미와 유럽 및 호주에서는 기독교의 세계관이 문화 속 깊숙이 뿌리를 내리고 있다는 생각이 든다.

기독교는 역사를 돌아 볼 때 인류에 대하여 긍정적 기여와 부정적 기여를 동시에 해 왔다. 따라서 우리는 전자와 후자에 대한 균형 잡힌 이해와 설명에 도달할 수 있는 능력과 식견이 필요하다. 한 쪽으로 치우쳐 객관성을 잃게 되면 이해가 아닌 오해를 하게 될 것이고, 해석이 아닌 반역에 이를 것이다. 지금까지 기독교는 만나는 문화와 이념 그리고 이웃종교들을 비신성화해 왔고 반대로 그 스스로를 신성화해 왔다. 그 결과 역사를 변화시키면서도 동시에 전통을 만들어 유지시키는 양면성을 보여 왔다.

〈알프레히트 뒤러(Albrecht Durer)의 기도하는 손들〉

마찬가지로 특정한 문화의 형태를 입은 기독교는 다른 문화의 기독교에 대하여 가치판단을 내려 '타자'로 만드는 경향이 있다. 이는 자신이 속한 문화의 기독교가 지닌 한계와 특징을 간과한 채 이질적인 타자와의 조우를 두려워하는 마음이 앞서서 생기는 해석학적 문제이다.

기독교는 지금까지 예수의 가르침에 따라 세상의 구조를 변화시켜 왔다. 2011년에 튀니지와 이집트에서 일어나 민주화운동이 주변 리비아, 바레인, 예맨, 사우디아라비아 등의 독재정권까지도 위협하며 전복시킬 기세를 보이고 있다. 이러한 역사적 사건들을 조우하고 있는 필자는 민중의 힘이 이렇게 강하리라고는 이전에 생각하지 못했다.

과거 수천 년의 고대 문화의 꽃을 피웠던 이집트의 종교와 문화가 갑자기 사라진 이유를 오늘날 우리가 경험하는 현실을 통하여 충분히 이해할 수 있게 되었다. 세계 기독교의 운명은 앞으로 그 변화 가능성에 달려있다. 종교현상학자이며 개혁주의 신학자인 반 델 레에우(Gerardus van der Leeuw, 1890-1950)가 지적했듯이 기독교가 개혁과 선교 그리고 부흥의 열정을 가지고 종교로서의 역동성을 잘 보여준다면 그 미래는 우리의 기대와 예상보다 더 밝아질 것이다.